FREI CLARÊNCIO NEOTTI, Ofm

Orar 15 dias com
FREI GALVÃO

O Santo Padroeiro da vida nascente

DIRETOR EDITORIAL:
Marcelo C. Araújo

EDITORES:
Avelino Grassi
Márcio F. dos Anjos

COORDENAÇÃO EDITORIAL:
Ana Lúcia de Castro Leite

COPIDESQUE:
Bruna Marzullo

REVISÃO:
Eliana Maria Barreto Ferreira

DIAGRAMAÇÃO E CAPA:
Alex Luis Siqueira Santos

IMAGEM DA CAPA:
Quadro a óleo do pintor
italiano Tirone, 1860
Acervo do Convento S. Antônio
do Rio de Janeiro

* Revisão do texto conforme o Novo Acordo Ortográfico da Língua Portuguesa, em vigor a partir de 1º de janeiro de 2009

Dados Internacionais de Catalogação na Publicação (CIP)
(Câmara Brasileira do Livro, SP, Brasil)

Neotti, Clarêncio
  Orar 15 dias com Frei Galvão: o Santo Padroeiro da vida nascente / Clarêncio Neotti. – Aparecida, SP: Editora Santuário, 2009.
(Coleção Orar 15 dias, 19)

  Bibliografia.
  ISBN 978-85-369-0175-6

  1. Espiritualidade 2. Galvão, Frei, Santo, 1739-1822 3. Orações I. Título. II. Série.

09-09854   CDD-248.32

Índices para catálogo sistemático:
1. Oração: Cristianismo 248.32

2ª edição

Todos os direitos reservados à **EDITORA SANTUÁRIO** — 2010

Composição, CTcP, impressão e acabamento:
EDITORA SANTUÁRIO – Rua Padre Claro Monteiro, 342
12570-000 – Aparecida-SP – Fone: (12) 3104-2000

UMA PALAVRA DE INTRODUÇÃO

Os Franciscanos chegaram ao Brasil com Pedro Álvares Cabral, em 1500. Eram oito e tinham por Guardião Frei Henrique Soares de Coimbra, que celebrou a Primeira Missa no Brasil e plantou a primeira Cruz em solo brasileiro. É a única Ordem que esteve e está no Brasil desde o primeiro momento até hoje.

Os Franciscanos vinham de Portugal, da Província de Santo Antônio dos Currais que, àquela época, adotara a reforma da disciplina feita por São Pedro de Alcântara (1499-1562). Por isso, eles eram também chamados *Alcantarinos*. O povo preferia chamá-los *Capuchos*, por causa do capuz em forma piramidal que usavam (o nome não tem nada a ver com 'capuchinho'). Às vezes também eram chamados *Descalços*, porque usavam exclusivamente sandálias.

Aos poucos os Frades foram organizando-se e constituíram duas províncias autônomas: a de Santo Antônio, com sede em Salvador da

Bahia; a da Imaculada Conceição, com sede no Convento de Santo Antônio, Rio. Frei Galvão pertenceu à Província da Imaculada Conceição, que abrangia, então, o Brasil da Bahia para baixo.

Frei Galvão morreu no dia 23 de dezembro. Normalmente, sua festa devia ser celebrada na data de sua morte. Sendo, porém, antevéspera do Natal, o Papa João Paulo II determinou que Frei Galvão fosse celebrado na data em que foi beatificado: 25 de outubro. Ao canonizá-lo, o Papa Bento XVI confirmou a data da festa. Sabemos que Frei Galvão morreu numa segunda-feira, por isso, em muitas igrejas, se dá às segundas-feiras a bênção de Frei Galvão.

Invoco sobre todos e todas que orarem a São Frei Galvão através desse livrinho, as bênçãos dele, que são as bênçãos do Pai e do Filho e do Espírito Santo.

O Autor

Primeiro dia

FAMÍLIA, ESTUDOS E VOCAÇÃO RELIGIOSA

Antônio Galvão de França, quarto filho de onze, nasceu em Guaratinguetá, SP, em 1739. Não sabemos o dia exato, porque se queimou sua certidão de Batismo no incêndio sofrido pela então capela de Santo Antônio. Seu pai era português e se chamava Antônio Galvão de França. Sua mãe era do Vale do Paraíba e se chamava Isabel Leite de Barros. O pai trabalhava no comércio e era bem sucedido. Guaratinguetá ficava na estrada que ia do porto de Parati às minas gerais e na metade do caminho por terra entre São Paulo e Rio de Janeiro.

Antônio tinha 13 anos quando o pai internou-o no único colégio-internato que existia no Brasil. Era dos padres jesuítas e ficava em Belém, na Vila Cachoeira, distante 130 km de Salvador da Bahia. Lá já se encontrava José, seu irmão mais velho. O colégio deu a Antônio sólida e equilibrada formação humana, cultural e religiosa. Os cinco ou seis anos que passou interno o deixaram apto para qualquer carreira futura.

Voltando a Guaratinguetá, não mais encontrou viva a senhora sua mãe. Dona Izabel, mãe de 4 varões e sete mulheres, morrera aos 38 anos apenas. Algum tempo depois, Antônio manifestou o desejo de entrar na Ordem de São Francisco. Tanto os Franciscanos, que moravam no Convento de Santa Clara em Taubaté, quanto os que moravam no Convento de Santo Antônio no Rio de Janeiro, costumavam percorrer o Vale do Paraíba em missão, que os levava de casa em casa, em visitas carregadas de bênçãos e de paz.

Antônio foi aceito e enviado para o Convento São Boaventura em Vila Macacu, na província do Rio de Janeiro (hoje, região de Itaboraí). Todos os jovens que queriam ser Franciscanos eram enviados para esse Convento para um ano de formação, chamado Noviciado. Ao receber o hábito, no dia 15 de abril de 1760, Antônio mudou o nome: tirou o "de França" e acrescentou o "Santana", lembrado da grande devoção que sua família tinha à Senhora Santa Ana. Durante o ano de Noviciado, Frei Antônio, como os demais jovens candidatos, repensou a vida, examinou se de fato era esta a vida que queria, recebeu aulas de espiritualidade e ascese franciscanas, introduziu-se nos costumes conventuais e aprendeu a rezar as chamadas horas canônicas, ou seja, a oração oficial da Igreja.

No dia 16 de abril de 1761, fez os votos de pobreza, castidade e obediência, acrescentando um quarto voto, que quase todos os franciscanos faziam naquele tempo: o de defender sempre e a todo custo a Imaculada Conceição da Virgem Maria. Hoje esse voto não teria muito sentido, porque, no dia 8 de dezembro de 1854, o Papa Pio IX proclamou verdade de fé que a Mãe de Jesus foi concebida sem pecado original. Três anos mais tarde, consagrou-se como filho e escravo de Nossa Senhora da Conceição.

Terminado o Noviciado, Frei Antônio foi transferido para o Convento de Santo Antônio do Rio de Janeiro, para continuar os estudos. Um ano depois, os superiores perceberam que ele tinha excelente formação, trazida do colégio-internato. Por isso, propuseram ao Bispo do Rio de Janeiro Dom Antônio do Desterro ordená-lo padre antes do término dos estudos. Dom Antônio ordenou Frei Antônio na igreja de Santo Antônio do Largo da Carioca, no dia 11 de julho de 1762. No mesmo dia, ele foi transferido para o Convento de São Francisco, em São Paulo, onde havia curso de filosofia e de teologia.

Sabemos de sua matrícula, mas pouco sabemos dos anos de estudo. A seguinte notícia certa foi sua nomeação para confessor, pregador e porteiro (um cargo dado em confiança a um Frade prudente e jeitoso). Aliás, Frei Galvão viveu o resto de sua longa vida no Convento São Francisco, em São Paulo, do qual foi duas vezes Guardião. O Convento era a atual Faculdade de Direito do Largo de São Francisco, tomado aos Franciscanos pelo Governo e nunca mais devolvido.

Texto escrito por Frei Galvão

"Sendo a Rainha dos Anjos, Maria Santíssima, entre os homens Advogada dos pecadores, é de todos os institutos religiosos, comunidades e corporações, particular Patrona, não só para consolação da vida temporal, mas também Medianeira para a eterna. Pelas suas liberais mãos se dispensam os benefícios da Divina Misericórdia.

Essa verdade se faz patente e manifesta a Vossas Caridades pelos benefícios concedidos a esta casa, por mãos desta grande e liberalíssima Senhora. Portanto, devem todas as religiosas viver advertidas em um perfeito agradecimento, procurando não só a santidade de costumes e vida religiosa, mas também particular gratidão em seus cultos e louvores. Cantarão solenemente em todos os sábados, depois das Matinas, em lugar da oração mental, o primeiro noturno do Ofício Parvo, com as três lições, vulgarmente chamado *Benedicta*."[1]

---

[1] Trecho dos Estatutos elaborados por Frei Galvão em 1788, para as Religiosas do Recolhimento. É o documento maior e mais importante de Frei Galvão, já que pouca coisa escrita por ele sobrou.

Totalmente entregue ao Senhor

"Na vida do humilde Frade franciscano, o amor a Deus exprime-se no amor a Cristo que é o próprio Deus encarnado, que se fez tempo e história, para estar visivelmente no meio dos homens, mais próximo deles, para acompanhá-los e convidá-los, com palavras humanas, à plena comunhão consigo. Amar a Deus é amar a Cristo que é a sua perfeita imagem, como disse o próprio Jesus: 'quem me vê, vê o Pai' (Jo 14,9); 'Eu e o Pai somos uma só coisa' (Jo 10,30).

O intenso amor a Cristo que ardia no seu coração aberto e generoso, transparece em toda a vida e na múltipla atividade do religioso franciscano. O seu amor é concreto, profundo e radical. Ama o Senhor numa doação total de si mesmo, até ao ponto de preferir morrer a deixar de corresponder a tal amor a Cristo, que constitui para ele como para São Paulo, o bem supremo, à luz do qual tudo considera como lixo. 'Prefiro que me tirem a vida a ofender a Nosso Senhor', declarou o Servo de Deus e firmou esta declaração com o próprio sangue. Palavras estupendas e gesto sublime que podem provir só de uma alma totalmente entregue ao Senhor."[2]

---

[2] Cardeal Saraiva Martins, texto de 1998, quando era Presidente da Congregação para a Causa dos Santos.

Oração a São Frei Galvão

Glorioso São Frei Galvão, Deus vos concedeu a graça de nascer de uma família religiosa, cumpridora de seus deveres e modelo de caridade. De vossa mãe e de vosso pai aprendestes a amar a Deus e ao próximo. Abençoai a mim e a minha família. Abri nosso coração à piedade verdadeira. Abri nossas mãos à caridade fraterna, sobretudo para com os pobres e desamparados. Como no vosso tempo, também no nosso são numerosos. Sei que a caridade e a piedade andam sempre juntas e ninguém pode amar a Deus sem a oração e sem o amor para com todos, segundo o exemplo que nos deu Jesus Cristo e que vós conseguistes imitar com tanta perfeição e perseverança. Sei também que a piedade e a caridade se aprendem, como se aprende a caminhar e a falar. Hoje vos peço para mim e para minha família estas duas virtudes – a piedade e a caridade – para que tenhamos vida de paz com Deus e de alegre harmonia dentro de nossa casa. Em nome do Pai e do Filho e do Espírito Santo. Amém.

Fato curioso

Uma de suas sobrinhas, mãe de família, que morava em Itapeva adoecera gravemente. Foi consultar um famoso médico em Itu, mas o médico não soube dizer-lhe de que estava sofrendo, prevenindo-a de que poderia ser tuberculose. Voltou para casa. Por acaso passou por lá Frei Galvão. Vendo-a assim enferma, o Frade lhe disse: "Não é nada, sobrinha, tome todos os dias em jejum um torrão de açúcar mascavo com água!" Dona Josefa obedeceu, mas não se curou. Oito dias depois, voltou Frei Galvão e lhe perguntou como estava. "Estou na mesma, meu tio!" Frei Galvão lhe repete: "Isso não é nada, mande fazer agora um chá de folhas de laranjeira!" Trazido o chá, ele o benzeu, ela o tomou e pouco depois expeliu pela boca uma espinha de peixe e, em breve, estava inteiramente curada.

Tota Pulchra: **Oração rezada por Frei Galvão**

(Certamente Frei Galvão rezava esta oração em latim. Até hoje os Franciscanos a cantam em latim aos sábados ou depois da Oração da Tarde ou, no refeitório, antes do almoço.)

Vós sois toda formosa, ó Maria! E o pecado original não vos manchou!
Vós sois a glória de Jerusalém, vós sois a alegria de Israel!
Vós sois a honra do nosso povo, vós sois a advogada dos pecadores!

Ó Maria, Virgem prudentíssima, Mãe clementíssima, rogai por nós!

Intercedei por nós junto a Nosso Senhor Jesus Cristo!

Em vossa conceição fostes imaculada, ó Maria!

Rogai ao Pai por nós, cujo filho gerastes!

Oremos: Ó Deus, que preparastes uma digna morada para vosso Filho, pela Imaculada Conceição da Virgem Maria, preservando-a de todo o pecado em previsão dos méritos de Cristo, concedei-nos chegar até vós purificados também de toda culpa, por sua maternal intercessão. Por Cristo nosso Senhor! Amém!

Frei Galvão nasceu nesta casa, em Guaratinguetá, em 1739. Não se sabe o dia exato. Hoje a casa está transformada em museu

Segundo dia

CONFIANTE NA PROVIDÊNCIA DIVINA

Em todos os empreendimentos, Frei Galvão mostrava grande confiança na Providência Divina. Não só quando o assunto era de caminhada espiritual, mas também quando se tratava de uma construção de tijolos. À Divina Providência confiou o começo e o crescimento da Congregação religiosa que estava acompanhando. À Divina Providência confiou a superação das dificuldades que pareciam pôr a pique a obra. À Divina Providência confiou a construção do Mosteiro, esperando das mãos de Deus, via benfeitores, o dinheiro para a madeira, as pedras, o telhado.

A palavra "providência" se liga a Deus-Pai, que cuida de suas criaturas, vela por sua segurança e lhes dá o oportuno alimento. Sempre foi virtude forte dos grandes empreendedores santos. Todos eles, diante das obras que se multiplicavam, costumavam dizer: "Não são minhas, são dele e de sua mão providente". A Sagrada Escritura fala muito da Providência de Deus. O Senhor não esquece suas criaturas. Diante do povo, que reclamava porque Javé o teria abandonado, o profeta Isaías põe na boca de Deus: "Pode uma mãe esquecer o filho, deixar de querer bem ao fruto de suas entranhas? Ainda que uma mãe esquecesse o filho, eu não me esquecerei de ti" (Is 49,15).

Quando falamos da Providência Divina, pensamos num Deus que nos protege e acompanha. Mas não no sentido de que ele impõe sua vontade, ou de que tudo é predeterminado por ele. Deus não violenta a liberdade humana. Deus não se comporta como um dono de supermercado gratuito, onde se pode buscar qualquer coisa, em qualquer tempo e em qualquer circunstância. A Providência Divina respeita a inteligência, a vontade e os sentimentos humanos. Eram e são muito sábias as palavras que minha mãe me ensinou em criança: "Ajuda-te e Deus te ajudará". Em outras palavras, devo fazer tudo como se tudo dependesse de mim, na certeza de que tudo depende de Deus.

A fé na Providência Divina fundamenta nossa confiança em Deus e exige nossa fidelidade. Se digo que Frei Galvão invocava sempre a Providência Divina, posso também dizer que nela confiava de corpo e alma. Quantas vezes Frei Galvão terá rezado o salmo 71: "Em ti, Senhor, espero! Tu não me decepcionarás!"

Quando fundou o Recolhimento no bairro da Luz, em São Paulo, deu-lhe o nome de Convento de Nossa Senhora da Conceição da Divina Providência. E dizia às Irmãs: "Da Palavra indefectível (isto é, que não engana) dita por Jesus no capítulo 6º de Mateus, as Irmãs dependerão para sua sustentação. Elas receberão do Senhor o provimento necessário para a vida transitória, pois Ele, por sua Providência, as há de vestir e sustentar através das esmolas dadas espontaneamente".

E nos Estatutos escreveu esta frase: "Se as Irmãs nada tiverem para si mesmas, mas tudo for de todas, a Providência do Senhor será copiosa". Em outras palavras, Deus cuidará das Irmãs como alimenta os passarinhos, que não têm propriedades; como veste os lírios do campo, que não tecem nem lucram com a beleza de suas roupas.

Em 1780, Frei Galvão foi desterrado pelo governador de São Paulo. O santo se pôs imediatamente a caminho do Rio de Janeiro. Chegando à altura do hoje bairro do Brás, pediu papel e tinta a um morador e mandou uma carta de despedida às Irmãs. Na carta lemos esta profissão de confiança na Providência: "Irmãs, vivam unidas e guardem a glória de Nosso Senhor, vivendo na sua Providência, esperando só nele!" E mais adiante: "Sejam fortes, confiem em Deus, que não lhes há de faltar. Faltarei eu, pode faltar o céu e a terra, mas nunca o Senhor há de faltar!".

Palavras que são perfeito eco das Escrituras: "Quem confia no Senhor não será abandonado. A quem persevera com confiança ele envolve em sua misericórdia" (cf. Eclo 2,16).

Texto escrito por Frei Galvão

"Como a igreja velha ameaça ruína e está o frontispício rachado e o dormitório é muito acanhado e o número das irmãs que desejam a vida da Providência Divina vai sendo maior, fundou-se novo Convento, e Igreja na qual pudessem viver ainda que pobres, com mais respiração e desafogo. Tem este edifício de comprido 240 e tantos palmos e de largo 170 e tantos, com uma área grande no meio, uma cerca extensa, obra da Providência, que tem causado admiração aos senhores paulistas.

As religiosas, para cuja habitação é a mencionada obra, têm por instituto a Divina Providência; rezam a cantam o Ofício Divino à imitação dos Religiosos franciscanos; vão à semelhança desses à meia-noite ao coro e fazem outros exercícios eclesiásticos e religiosos, que deixo de referir por brevidade. Tem a misericordiosa mão de Deus socorrido a estas na boa fama, que geralmente têm merecido, não menos na estima do Exmo. Sr. Bispo Diocesano, o qual, com muita benignidade as atende. A Divina Providência seja servida não apartar os seus olhos daquelas que desejam ser verdadeiras servas."[3]

Firme confiança na Divina Providência

"Frei Galvão foi por todos considerado em vida, na morte e após a morte um verdadeiro homem de Deus, um digno filho de São Francisco e discípulo de São Pedro de Alcântara, pois sempre andou à luz da fé, no fervor da caridade com Deus e com o próximo e na alegria da esperança cristã.

Brilhou na piedade eucarística, na devoção a Jesus Crucificado, no amor à Virgem Imaculada, na confiança na Divina Providência, no espírito de oração e sacrifício. Foi admirável no ardor apostólico, no cuidado dos pobres, dos doentes e dos sofredores. E incansável na pacificação das famílias e na conversão dos pecadores.

Cultivou de modo exemplar as virtudes da prudência e da justiça, da fortaleza e da temperança e tudo praticou para a glória de Deus e o bem das almas. O grau elevado de suas virtudes permaneceu vivo na memória através dos tempos."[4]

---

[3] Texto escrito provavelmente em 1775 por Frei Galvão, ao traçar uma breve biografia da Irmã Helena Maria do Espírito Santo.

[4] Cardeal Alberto Bovone, texto de 1997, quando era Vice-Presidente da Congregação para as Causas dos Santos.

Oração a São Frei Galvão

Glorioso São Frei Galvão, olho para vós e vos vejo como um homem de grande oração e de muito trabalho apostólico. Sei que ação e contemplação caminham juntas e a prática de uma é a fecundidade da outra. Fostes incansável em socorrer os necessitados, mas sempre vos considerastes vós mesmo um necessitado de Deus e um instrumento de sua Divina Providência. Sempre confiastes em Deus, que veste os lírios e alimenta os pardais. Trabalhastes duramente com vossas mãos, mas sempre esperastes tudo das mãos benfazejas de Deus. Preciso aprender de vós a doar-me por inteiro ao trabalho e, ao mesmo tempo, ter uma confiança absoluta na Providência Divina, que tudo cria, tudo vê, tudo fecunda, tudo abençoa e a quem somente devemos toda honra, toda glória e todo agradecimento, porque, na verdade, por nós mesmos, somos apenas servos inúteis. Em nome do Pai e do Filho e do Espírito Santo. Amém.

Fato curioso

Um dia faltou água no Recolhimento. O tempo estava muito seco. As Religiosas sequer tinham água para cozinhar. Confiantes na Providência Divina, ensinadas por Frei Galvão, foram à capela implorar de Deus uma solução. De repente, o céu ensolarado se cobriu de nuvens, trovejou e caiu torrencial chuva, suficiente para encher as talhas e os vasilhames disponíveis. Assim que as Irmãs recolheram a água, a chuva cessou, o céu se cobriu novamente de azul.

Magnificat: **Oração rezada por Frei Galvão**

(Frei Galvão rezava diariamente este cântico de Maria na casa de Isabel, todos os dias na Oração da Tarde, chamada então de "Vésperas".)

A minha alma engrandece ao Senhor,
E se alegrou meu espírito em Deus,
meu Salvador.
Pois, ele viu a pequenez de sua serva,
Desde agora as gerações hão
de chamar-me bendita.
O poderoso fez por mim maravilhas
E santo é o seu nome!
Seu amor, de geração em geração,
Chega a todos que o respeitam.
Demonstrou o poder de seu braço,
Dispersou os orgulhosos.
Derrubou os poderosos de seus tronos
E os humildes exaltou.
De bens saciou os famintos
E despediu, sem nada os ricos.

Acolheu Israel, seu servidor,
Fiel a seu amor,
Como havia prometido aos nossos pais,
Em favor de Abraão e de seus filhos
para sempre.
Glória ao Pai e ao Filho e ao Espírito Santo,
Como era no princípio, agora e sempre,
Por todos os séculos dos séculos. Amém.

Ruínas do Convento S. Boaventura de Macacu, RJ, levantado entre 1660 e 1670, onde Frei Galvão entrou na Ordem Franciscana e fez seu ano de noviciado, em abril de 1760. O Convento e toda a vila foram abandonados em 1840, quando uma peste dizimou a população. O terreno hoje pertence à Petrobras, que tenta restaurar o antigo Convento

Terceiro dia

GRANDE DEVOTO DA IMACULADA

Frei Galvão foi, como o chamou o Papa Bento XVI, "Devotíssimo filho da Mãe Imaculada". Frei Galvão era franciscano, e os franciscanos herdaram de São Francisco uma devoção muito terna à Mãe de Deus. Especialmente à Imaculada Conceição de Maria. O próprio São Francisco consagrou sua Ordem a Nossa Senhora da Conceição e quis que em todas as igrejas franciscanas houvesse um altar dedicado a ela. Não é, então, estranho que um franciscano, além de um altar, ofereça seu coração à Mãe de Deus. E oferecer o coração é pôr a vida inteira nas mãos de Nossa Senhora.

Vejamos o que significa "Imaculada Conceição". Não devemos confundir com a virgindade de Maria nem com o fato de ela ter concebido o Filho de Deus por obra e graça do Espírito Santo, nem com a verdade de que ela se manteve puríssima de pecado ao longo de sua vida. Posso muito bem imaginar que Deus tinha em mente criar um mundo de santos, como ele é santo, um mundo de criaturas a serviço de seu Filho, que seria o primogênito das criaturas, o princípio vital de todos os seres criados, visíveis e invisíveis, no céu e na terra. A Mãe de seu Filho na terra, seria a mais santa e mais perfeita de todas as criaturas, um espelho luminoso de sua própria divindade. Antes, portanto, de criar o universo, Deus criou a figura de Maria.

Mas houve um incidente: nossos primeiros pais, chamados de Adão e Eva, quiseram ser iguais a Deus. O orgulho cegou-lhes os olhos do coração como já cegara os de Lúcifer. Pecaram, querendo passar de criaturas limitadas a espaço e tempo a criadores eternos como Deus. Pecaram. É doutrina da Igreja que toda a criatura humana, ao ser concebida, herda as consequências do pecado de Adão e Eva, ou seja, um desequilíbrio que obriga a todos, homens e mulheres, a lutar entre o bem e o mal. Já o livro do Gênesis descobrira que "os projetos do coração humano tendem para o mal" (Gn 6,5). Junto com a liberdade, a criatura humana herda a fraqueza da vontade, que nem sempre a leva a escolher o bem, a escolher o caminho bom. Não houvesse esse desequilíbrio, todos nós escolheríamos a santidade como as águas do rio tendem a correr para o mar.

Maria foi imaginada por Deus antes do pecado de Adão e Eva. Portanto, não fazia sentido ela, pré-existente na mente de Deus antes de

Adão e Eva, sofrer as consequências do pecado. Posso muito bem imaginar que Jesus, previsto para se encarnar muito antes do pecado de Adão e Eva, tenha assumido uma nova missão, a de sanar o desequilíbrio do pecado e dar novamente às criaturas a possibilidade de encontrar a estrada certa, de voltar a viver em santidade, ou, como diz o Evangelho de Mateus de "sermos perfeitos como o Pai do Céu é perfeito" (Mt 5,48).

Imaculada Conceição significa que Maria não herdou o pecado de Adão e Eva, chamado "pecado original", porque foi cometido na origem da humanidade, já que Adão e Eva são os pais de todos os seres humanos viventes. É verdade que muitos teólogos tiveram dificuldade em pensar Maria isenta do pecado original, porque há uma verdade de fé que todas as criaturas sem exceção, foram redimidas por Cristo. Maria, porém, não é exceção, porque ela foi concebida sem pecado exatamente em previsão da maternidade divina, ou como afirmou o Papa Pio IX, ao proclamar o dogma da Imaculada Conceição, "em previsão dos méritos de Jesus Cristo".

Era para esse privilégio de Maria, de ser imaculada desde sua concepção, que Frei Galvão olhava com ternura, se alegrava nele como filho, e por causa dele procurava ser puro de coração, ser participante da santidade com que Deus criou a Mãe de seu Filho bendito.

Texto escrito por Frei Galvão

"Saibam todos quantos esta carta e cédula virem, como eu, Fr. Antônio de Sant'Ana, me entrego por filho e perpétuo escravo da Virgem Santíssima, minha Senhora, com a doação livre, pura e perfeita de minha pessoa, para que de mim disponha conforme sua vontade, gosto e beneplácito, como verdadeira mãe e senhora minha.

E vós, Soberana Princesa, dignai-vos de aceitar esta minha pessoa. Não duvideis em admitir ao vosso serviço a este vil servo. Nas vossas piedosíssimas mãos entrego meu corpo, alma, coração, entendimento, vontade e todos os mais sentidos, porque de hoje em diante corro por vossa conta e todo sou vosso.

Em meu coração arda sempre o fogo da vossa piedade e esteja sempre mais aceso para desejar o que for mais justo, mais puro e mais perfeito das virtudes. Eu vos ofereço todos os meus pensamentos, palavras e obras, e tudo o mais meritório que fizer e indulgências que ganhar, para que apresenteis junto com os vossos merecimentos a vosso Filho Santíssimo, dispondo vós de todos eles conforme for a vossa vontade, e se for do vosso agrado."[5]

---

[5] Da cédula manuscrita, que se conserva no Mosteiro da Luz, SP, da consagração de Frei Galvão a Nossa Senhora da Conceição, feita no dia 9 de novembro de 1766.

Filho e perpétuo escravo de Maria

"Demos graças a Deus pelos contínuos benefícios alcançados pelo poderoso influxo evangelizador que o Espírito Santo imprimiu em tantas almas através do Frei Galvão. O carisma franciscano, evangelicamente vivido, produziu frutos significativos através do seu testemunho de fervoroso adorador da Eucaristia, de prudente e sábio orientador das almas que o procuravam e de grande devoto da Imaculada Conceição de Maria, de quem ele se considerava 'filho e perpétuo escravo'.

Significativo é o exemplo de Frei Galvão pela sua disponibilidade para servir o povo sempre quando era solicitado. Conselheiro de fama, pacificador das almas e das famílias, dispensador da caridade especialmente dos pobres e dos enfermos. Muito procurado para as confissões, pois era zeloso, sábio e prudente. Uma característica de quem ama de verdade é não querer que o Amado seja ofendido, por isso a conversão dos pecadores era a grande paixão do nosso Santo."[6]

Oração a São Frei Galvão

Glorioso São Frei Galvão, nas mãos maternais de Maria pusestes vossa vida sacerdotal e

---
[6] Papa Bento XVI, homilia da canonização.

religiosa. Consagrastes vosso corpo, vossa alma, vosso sacerdócio a Nossa Senhora da Conceição, Mãe de Jesus, o Filho de Deus. Ela gerou e educou o Salvador do mundo. Vós, como sacerdote, destes ao povo o mesmo Jesus através da Eucaristia e fostes um instrumento de salvação através do Sacramento da Penitência. Peço-vos humildemente que me alcanceis de Deus duas graças. A primeira, a graça de conservar sempre uma terna e filial devoção para com a Mãe de Deus, concebida sem pecado original. A segunda, de evitar, com todas as forças de meu coração, qualquer tipo de pecado e, assim, à semelhança vossa, que vos conservastes puro de coração, e à semelhança da Virgem puríssima, possa viver na alegria dos filhos de Deus. Em nome do Pai e do Filho e do Espírito Santo. Amém.

Fato curioso

Frei Galvão ensinava o Canto Gregoriano às Irmãs, inclusive lhes ensinava o latim suficiente para a recitação dos salmos e hinos. Um dia, estavam as Irmãs cantando no coro o Ofício Divino. Perderam o tom e não conseguiam prosseguir. De repente chega Frei Galvão, ocupa seu lugar costumeiro, restabelece o tom e o salmo. As Irmãs continuam seguras. O Frei se retira. Terminada a oração, saíram à procura dele. Mas a porteira não o vira nem entrar nem sair, e ele não foi encontrado em lugar nenhum do Convento naquele dia.

Oração rezada por Frei Galvão

(*Esta oração a Nossa Senhora foi composta por São Francisco. Observe-se a belíssima expressão "virgem feita Igreja", porque Maria trouxe em seu seio, como se fora um tabernáculo, o Filho de Deus.*)

Salve, ó Senhora santa, Rainha santíssima, Mãe de Deus, virgem feita Igreja, escolhida pelo santíssimo Pai celestial, que vos consagrou por seu santíssimo e dileto Filho e o Espírito Santo Paráclito!
Em vós residiu e reside toda a plenitude da graça e todo o bem!
Salve, ó palácio do Senhor!
Salve, ó tabernáculo do Senhor!
Salve, ó morada do Senhor!
Salve, ó manto do Senhor!
Salve, ó serva do Senhor!
Salve, ó mãe do Senhor!
Salve, vós todas, ó santas virtudes derramadas, pela graça e pela iluminação do Espírito Santo, nos corações dos fiéis, transformando-os de servos infiéis, em servos fiéis a Deus!

Convento e Igreja de S. Antônio do Rio de Janeiro, começados a construir em 1608. A Igreja é a mais antiga, ainda em funcionamento, do Rio de Janeiro. Aqui Frei Galvão estudou de abril de 1761 a julho de 1762. Nesta igreja Frei Galvão foi ordenado padre no dia 11 de julho de 1762

Quarto dia

MARIA:
DEVOÇÃO ASSUMIDA POR VOTO

Nossa Senhora da Conceição envolve toda a vida de São Frei Galvão. Ele nasceu em Guaratinguetá, à beira do Rio Paraíba, em 1739. Naquele tempo não existia a cidade de Aparecida. Apenas, na curva do Rio, um pequeno porto de pescadores e canoeiros da vila de Guaratinguetá.

A Imagem de Nossa Senhora Aparecida foi achada em outubro de 1717. A devoção à Senhora Aparecida foi aprovada pelo bispo do Rio de Janeiro, a cuja diocese pertencia todo o sul do Brasil, em 1743. Em 1745, foi levantada a primeira igreja em honra de Nossa Senhora Aparecida. Frei Galvão tinha então de cinco para seis anos. Deverá não só ter escutado de viva voz a história contada pelos pescadores, mas também visitado a primeira igreja e, quem sabe, participado de sua inauguração. A família de Frei Galvão era muito piedosa e não teria deixado de estar presente a um fato que envolvia Guaratinguetá: o nascimento, tão perto, de um santuário milagroso.

O nome oficial de Nossa Senhora Aparecida, desde sua descoberta, foi Nossa Senhora da Conceição Aparecida. Isto porque, a pequena imagem de terracota (mede, sem o manto, apenas 36 cm) é uma Imaculada Conceição. Quando sem o manto, veem-se claramente os dois distintivos das estátuas da Imaculada: a meia-lua debaixo dos pés e a serpente dominada por um de seus pés.

Entrando na Ordem Franciscana, em abril de 1760, Antônio Galvão de França (seu nome de batismo) encontrou entre os Frades uma vivíssima devoção à Imaculada Conceição de Maria. Todos os sábados de manhã cantava-se Missa em sua honra. E após a oração da tarde, entoava-se em honra dela, em latim, a antífona "Toda formosa sois, Maria, e em vós não há a mancha do pecado original".

A devoção a Nossa Senhora da Conceição era muito intensa, embora ainda não fosse uma verdade de fé que Maria fora concebida sem pecado original. A maioria dos Franciscanos, ao fazerem os votos de pobreza, castidade e obediência, acrescentavam um quarto voto: o de defender, até mesmo com a própria vida, o privilégio da imaculada conceição de Maria. Frei Galvão fez esse quarto voto.

Ao fundar o Mosteiro da Luz e ao receber as pias senhoras, deu-lhes como norma de vida contemplativa a regra escrita por Santa Beatriz da Silva († 1492), que fundara em Toledo, na Espanha, uma Ordem monacal feminina para honrar e divulgar o privilégio da Imaculada Conceição de Maria. O povo chamou e chama até hoje essas irmãs de "Concepcionistas", ou seja, mulheres consagradas para honrar a Imaculada Conceição de Maria.

A devoção a Nossa Senhora da Conceição, cultivada desde menino, assumida por voto ao ordenar-se padre, expande-se agora a um mosteiro feminino, cujas religiosas, de geração em geração, até hoje guardam com grande ternura e piedade a devoção à Virgem concebida sem pecado original. Em suas recomendações, Frei Galvão pediu às religiosas do Mosteiro que todo dia, às 8 horas da noite, cantassem em honra da Imaculada Conceição o *Tota Pulchra* (Toda formosa sois, Maria) e, aos sábados, cantassem solenemente o chamado "Ofício Parvo" em honra da Imaculada. Aliás, naquela época os Franciscanos, em suas andanças missionárias, ensinavam o povo a cantar o Ofício Parvo todos os dias, quase que como oração da manhã, em voz alta, enquanto a família fazia os trabalhos caseiros da ordenha, do trato aos animais, da busca da água na fonte. Quem passasse àquela hora pela estrada podia ouvir e acompanhar o canto mariano. Quantas e quantas vezes Frei

Galvão, percorrendo a pé longas distâncias para visitar famílias, lhes terá ensinado a cantar o "Ofício Parvo" em honra de Nossa Senhora da Conceição!

Texto escrito por Frei Galvão

"Sejam meus intercessores o Arcanjo São Gabriel e o Anjo da minha guarda, e todos os demais anjos, de todos os coros angélicos, e todos os Santos e Bem-aventurados, principalmente meu pai São Francisco, digo, primeiramente, os gloriosos santos vossos pais e esposo, meu pai São Francisco, Santa Águeda, o santo do meu nome, São Pedro de Alcântara, Santa Gertrudes, meu pai São Domingos, São Tiago Apóstolo, São Benedito, os Reis Magos, São Jerônimo, Santa Teresa, São Francisco Borja, a minha mãe Isabel, e irmãos e parentes e amigos, se é que todos gozam de vossa vista, como o espero e piamente suponho, a todos os mais que é vossa vontade que eu peça em particular. E rogo a todos esses referidos santos que orem a vós por mim, e me sirvam de testemunhas irrefragáveis desta minha filial entrega e escravidão. E para que conste que esta minha determinação foi feita em meu perfeito juízo, faço esta cédula de minha própria letra, e assinada com o sangue de meu peito. Hoje, dia do patrocínio de minha Senhora e Mãe de Deus, 9 de novembro de 1766."[7]

Testemunho de uma vida mariana

"Frei Galvão, querendo corresponder à própria consagração religiosa, dedicou-se com amor e devotamento aos aflitos, aos doentes e aos escravos da sua época no Brasil. Damos graças a Deus pelos contínuos benefícios outorgados pelo poderoso através de Frei Galvão. Sua fé genuinamente franciscana, evangelicamente vivida e apostolicamente gasta no serviço ao próximo servirá de estímulo para o imitar como "homem da paz e da caridade."

A missão de fundar os Recolhimentos dedicados a Nossa Senhora e à Providência continuam produzindo frutos surpreendentes: ardoroso adorador da Eucaristia, mestre e defensor da caridade evangélica, prudente conselheiro da vida espiritual de tantas almas e defensor dos pobres.

Que Maria Imaculada, de quem Frei Galvão se considerava como "filho perpétuo e escravo", ilumine os corações dos fiéis e desperte neles a fome de Deus até à entrega a serviço do Reino,

---

[7] Da cédula manuscrita, da Consagração de Frei Galvão a Nossa Senhora da Conceição. **Nota:** naquele tempo a Ordem Franciscana celebrava no II Domingo do Advento, a festa do Patrocínio de Nossa Senhora, portanto, sabemos que em 1766, o dia 9 de novembro caiu no II Domingo do Advento.

mediante o próprio testemunho de vida autenticamente cristã."[8]

Oração a São Frei Galvão

Glorioso São Frei Galvão, Deus vos fez nascer em Guaratinguetá, à beira do mesmo rio em que foi encontrada a imagem de Nossa Senhora Aparecida, padroeira e rainha do Brasil. Sois até contemporâneos, porque vossa infância se passa exatamente quando começam as peregrinações à primeira igreja de Aparecida, que abrigava com carinho a imagem milagrosa. Levastes pela vida toda uma visível proteção e bênção da Mãe Imaculada. Dela fostes filho e escravo por opção. De vós ela se serviu para mostrar ao povo o bendito fruto de seu ventre, Jesus. Queria hoje vos pedir pelo Brasil, pela nossa Diocese, por nossa Paróquia, por minha família. Juntos, formamos a Igreja de Jesus, a mesma Igreja que vós tanto amastes. Se a Virgem Santíssima vos aceitou como filho e servo, aceite também, por vossa intercessão, nossos pedidos de bênçãos, proteção e prosperidade. Em nome do Pai e do Filho e do Espírito Santo. Amém.

Fato curioso

Um dia Frei Galvão encarregou uma das Irmãs de fazer uma imagem de Santo Antônio para

---

[8] João Paulo II, homilia de beatificação.

um dos altares laterais da igreja do Convento. Pronta a imagem, entrega-a ao Santo. Viu, porém, Frei Galvão que a imagem tinha o Menino olhando não para Santo Antônio, mas em outra direção. Feita a observação, a religiosa ficou muito triste e se dispôs a esculpir outra. Frei Galvão a consolou e, pegando na imagem do Menino Jesus, voltou-lhe graciosamente a cabecinha para o lado do Santo, como está até hoje.

Angelus: **Oração rezada por Frei Galvão**

(*Frei Galvão, como era costume na Ordem Franciscana, rezava a Oração do Ângelus três vezes ao dia: às seis da manhã, ao meio-dia, às seis da tarde, quando também se tocava o sino – três badaladas e uma pausa para lembrar a iniciativa de Deus Pai e a disponibilidade de Maria; outras três badaladas e uma pausa, para lembrar a origem divina de Jesus por obra e graça do Espírito Santo; outras três badaladas e uma pausa para lembrar a encarnação humana de Jesus em Maria; repique, para expressar a alegria e o agradecimento da humanidade.*)

O Anjo do Senhor anunciou a Maria. E ela concebeu do Espírito Santo.

(*Reza-se a Ave-Maria*).

Eis aqui a serva do Senhor. Faça-se em mim, segundo a tua palavra.

(*Reza-se a Ave-Maria*).

E o Verbo se fez carne. E habitou entre nós. (*Reza-se a Ave-Maria*).

Rogai por nós, santa Mãe de Deus, para que sejamos dignos das promessas de Cristo.

Oremos: Infundi, Senhor, a vossa graça em nossas almas, para que, conhecendo pela mensagem do Anjo, a encarnação do vosso Filho, cheguemos, por sua paixão e cruz à glória da ressurreição. Por Cristo Senhor nosso. Amém.

Reza-se três vezes: Glória ao Pai e ao Filho e ao Espírito Santo. Como era no princípio, agora e sempre. Amém.

Santa Beatriz da Silva é a fundadora da Ordem da Imaculada Conceição, em Toledo, na Espanha, em 1484. As filhas de Santa Beatriz são conhecidas como "Irmãs Concepcionistas"

Quinto dia

ESPECIAL DEVOÇÃO À SENHORA SANTANA

Quando Frei Galvão entrou na Ordem Franciscana, segundo o costume do tempo, podia acrescentar algum santo ou alguma santa ao nome de batismo. E acontecia muitas vezes que o nome acrescentado tornava-se o nome principal, e o Frade passava a ser conhecido como, por exemplo, "Frei Santa Eulália", "Frei São Camilo", "Frei Santa Teresa". Antônio Galvão de França, tirou de seu nome o "de França" e acrescentou o de "Santana", passando a se chamar oficialmente Frei Antônio de Santana Galvão.

Por que terá ele escolhido esse nome? Seu pai e toda a família tinha grande devoção à Senhora Santana, mãe de Maria e avó de Jesus. As famílias portuguesas sempre cultivaram especial devoção a Santa Ana. A devoção foi e é grande no Brasil, devoção herdada, sem dúvida, da piedade portuguesa. Todo o Estado de Goiás é consagrado a Santa Ana. As dioceses de Botucatu, Caicó, Goiás, Itapeva, Tianguá, Coari, Itaituba, Óbidos têm como padroeira principal Santa Ana. Alguns municípios também a têm como padroeira e a celebram com feriado, como Ponta Grossa, Feira de Santana e Uruguaiana. Muitas cidades, como o Rio de Janeiro, a têm como padroeira secundária. Ainda no Rio de Janeiro, a sala onde Frei Galvão estudou filosofia durante um ano e meio e funcionava como sala magna da Universidade do Convento de Santo Antônio, era e é dedicada à Senhora Santana, com frases alusivas a ela no teto.

Não é estranho, portanto, que um filho de pai português, tenha acrescentado ao nome de religioso a devoção familiar. E, se Frei Galvão tinha uma devoção especial à Imaculada Conceição, mais razão tinha de venerar aquela que tivera o privilégio de dar à luz Maria, cheia de graça e puríssima desde a concepção.

Não consta em nenhum dos quatro Evangelhos que a mãe de Maria se chamasse Ana (nome hebraico ligado a misericórdia, compaixão). O nome Ana e Joaquim está num livro quase contemporâneo aos Evangelhos, atribuído a Tiago Menor, que foi o primeiro bispo de Jerusalém, chamado por São Paulo de "Irmão do Senhor" (Gl 1,19). Embora esse escrito não pertença aos livros da Bíblia, a Igreja aceitou os nomes de Ana e Joaquim desde os primeiros séculos.

São João Damasceno (650-750), teólogo, poeta, doutor da Igreja, exalta com um poema Ana e Joaquim e os define como um "casal bem-

-aventurado, casto e irrepreensível". E exclama: "Alegra-te, Ana, grita de alegria e de júbilo! Exulta, Joaquim, porque de tua filha nasceu para nós um menino e este menino é Deus. Vós destes ao mundo a virgem que, não conhecendo varão, tornou-se a Mãe de Deus! Gerastes uma filha maior que todos os anjos e agora rainha de todos os coros angélicos!".

Frei Galvão, ao escrever de próprio punho a cédula de consagração perpétua a Nossa Senhora, menciona 16 santos seus intercessores. Logo depois dos anjos, antes mesmo de São Francisco, estão Ana e Joaquim, que ele chama de "gloriosos santos vossos pais".

Ele escreveu versos à Senhora Santana, em latim clássico. Esses poemas (são 15) lhe mereceram até a entrada na "Academia dos Felizes", a primeira academia literária de São Paulo. A primeira sessão acadêmica homenageava oficialmente a Senhora Santana, cuja imagem havia pouco fora introduzida no Palácio do Governo. Era o dia 25 de agosto de 1770, e a sessão durou sete horas, em que foram apresentadas 65 peças em várias línguas. Nosso santo tinha 31 anos quando compôs essa obra e a declamou em público. Ainda se conservam os originais. Os versos são dirigidos a Santa Ana, mas a razão dos elogios é sempre sua filha, que recebeu de Deus a maior de todas as missões na terra: a de ser mãe de Deus. Frei Galvão sempre teve fama de ser um homem muito culto.

Louvores a Santana: texto de Frei Galvão

(*Tradução um pouco livre dos versos do primeiro poema.*)

"Louvemos todos a Senhora,
Que é mãe daquela Virgem e Mãe,
Que mereceu os mais elevados louvores
Tanto no altar da terra quanto no altar do céu.
Louvemos todos a Senhora,
Que gerou aquela que desprezou todas as glórias do mundo
E por isso recebeu a maior glória do céu.
Ó gloriosa Senhora Santana, serva do Senhor,
Que geraste aquela que trouxe a salvação aos mortais,
Sê clemente conosco e alcança-nos
A alegria do céu".

(*Em outro poema, escreve Frei Galvão:*)

"Senhora Santana, mãe da Senhora,
Foste mulher prudente, humilde, casta
E geraste uma filha sem mancha do pecado,
Porque impregnada pela santidade do Espírito Santo,

Alivia a culpa e o pecado do povo
Que canta hoje tuas glórias e celebra jubiloso tua festa."

De Santana aprendeu a doçura de Deus

"No lar de Frei Galvão, a imagem de Sant'Ana reunia sua família todas as noites para as orações, e foi dali que brotou aquela atenção pelos mais pobres, que acorriam à sua casa e que, anos mais tarde, atrairia milhares de pessoas aflitas, doentes e escravos, em busca de conforto e de luz, a ponto de ele ser conhecido como 'o homem da paz e da caridade'.

Vamos pedir a Deus que, com o exemplo de Frei Galvão, a fiel observância da consagração religiosa e sacerdotal sirva de estímulo para um novo florescimento de vocações sacerdotais e religiosas, tão urgente na Terra de Santa Cruz. E que esta fé, acompanhada de obras de caridade, que transformava Frei Galvão em doçura de Deus, aumente nos filhos de Deus aquela paz e justiça que só germinam numa sociedade fraterna e reconciliada."[9]

---

[9] João Paulo II, saudação aos brasileiros na Praça São Pedro.

Oração a São Frei Galvão

Glorioso São Frei Galvão, que recebestes de Deus a graça da santidade e fostes para todos um modelo de caridade e ternura, intercedei por mim junto a Deus, a quem servistes com imensa fidelidade e fostes amado por ele. Peço-vos ajuda nas minhas dificuldades e bênçãos para a saúde do corpo e da alma. Peço-vos, sobretudo, uma caridade sem limites, uma fé sem vacilações e a graça de caminhar de esperança em esperança até o fim de minha vida. Meu santo Frei Galvão, fostes um pregador da paz e da reconciliação. Ajudai-me a fazer paz no meu coração, para viver alegremente em paz com todos. Em nome do Pai e do Filho e do Espírito Santo. Amém.

Fato curioso

Quando Frei Galvão queria presentear um grande benfeitor, costumava dar-lhe um crucifixo. Um dia, depois de ser atendido por um médico, fez-lhe o presente. O médico disse que ia visitar outros doentes e no fim voltaria para pegar o crucifixo. Mas esqueceu. Ao chegar ao consultório, de cuja porta só ele tinha a chave, encontrou sobre a mesa o crucifixo de Frei Galvão.

Veni, Creator Spiritus: **Oração rezada por Frei Galvão**

(Esta oração ao Divino Espírito Santo, Frei Galvão a rezava em latim, sempre que iniciava um trabalho maior ou precisava tomar um decisão importante.)

Ó, vinde Espírito Criador,
As nossas almas visitai!
E enchei os nossos corações
Com vossos dons celestiais.
Vós sois chamado o intercessor,
Do Deus excelso o dom sem par,
A fonte viva, o fogo, o amor,
A unção divina e salutar.
Sois doador dos sete dons
E sois poder na mão do Pai.
Por Ele prometido a nós,
Por nós seus feitos proclamai.
A nossa mente iluminai,
Os corações enchei de amor,
Nossa fraqueza encorajai,
Qual força eterna e protetor.
Nosso inimigo repeli,
E concedei-nos vossa paz;
Se pela graça nos guiais,
O mal deixamos para trás.
Ao Pai e ao Filho Salvador
Por vós possamos conhecer;
Que procedeis do seu amor
Fazei-nos sempre firmes crer. Amém.

Imagem da Senhora Santana, do século XVIII, do acervo do Convento de S. Antônio, diante da qual Frei Galvão terá rezado diariamente no tempo em que morou no Rio de Janeiro

Sexto dia

O SANTO DA EUCARISTIA

No sermão de canonização de São Frei Galvão, o Papa Bento XVI lembrou que, no Novo Testamento, Deus se revela, sobretudo, na Eucaristia. E acentuou que a Igreja é essencialmente eucarística. Se para a Igreja, a Eucaristia é o fundamento e o ponto mais alto da vida cristã, para um sacerdote, a Eucaristia é a razão de ser de sua vocação, de seu trabalho apostólico, de seus planos de vida. O sacerdócio nasce na Eucaristia e nela tem sua meta final.

Por isso, o padre celebra todos os dias a Missa que, praticamente é sinônimo de Eucaristia, não importando o número de fiéis presentes na igreja. Por isso também o padre, que preza seu sacerdócio, ama recolher-se várias vezes durante o dia diante do tabernáculo em que se guarda o Pão consagrado. Eucaristia e padre são inseparáveis: o padre faz a Eucaristia e a Eucaristia faz o padre.

Entre as grandes virtudes de Frei Galvão apresentadas para a sua beatificação, logo depois das três virtudes chamadas "teologais", ou seja, a fé, a esperança e a caridade, vem dito que ele foi "um brilhante modelo de piedade eucarística". Bento

XVI chamou a atenção dessa virtude em nosso Santo, no dia da canonização: "Quando contemplamos na Santa Missa o Senhor, levantado no alto pelo sacerdote, depois da Consagração do pão e do vinho, o adoramos com devoção exposto no Ostensório, renovamos com profunda humildade nossa fé, como fazia Frei Galvão em louvor continuado, em atitude constante de adoração".

Escrevi "louvor continuado". O papa usou a expressão latina "laus perennis", que significa a adoração repetida e continuada de Deus presente na Eucaristia. Bento XVI, na homilia da canonização, chamou Frei Galvão de "fervoroso adorador da Eucaristia". Esta piedade eucarística ele a passou de muitos modos às Irmãs do Mosteiro da Luz. Das duas horas diárias de oração contemplativa, uma hora as Irmãs a viviam na capela, diante do Cristo sacramentado. E o Santo dizia-lhes "ao menos uma hora", porque as Irmãs estavam convidadas a passar mais tempo diante do tabernáculo.

Frei Galvão aconselhava as Irmãs que, ao menos dois dias por semana (e ele indicou a quinta e o domingo), não falassem com ninguém "de fora", apenas com o Jesus Eucarístico que haviam comungado na Missa matutina. Escolheu a quinta, em respeito à Quinta-feira Santa, dia da instituição da Eucaristia e dia também em que a Igreja celebrava, uma vez por ano e sempre numa quinta-feira, a festa de Corpus Christi.

Parece um pormenor sem importância, mas como seria bom que a voz forte de Frei Galvão ressoasse nas nossas igrejas, que viraram, tantas vezes, lugar de abraços, de falatórios, de fuxicos. Ele insistia com as Irmãs que observassem rigoroso silêncio na capela "por causa da presença da majestade de Cristo". Apresentem-me uma senhora que não fale na igreja antes, durante e depois de uma função religiosa, e eu levantarei um nicho para ela ao lado de Nossa Senhora, a Virgem do Silêncio.

Filho atento de São Francisco de Assis, que pedia a seus Frades "honrar e respeitar todos os teólogos e os que nos ministram as santíssimas palavras divinas como a quem nos ministra espírito e vida", e em quem não queria ver o pecado humano, mas a missão dada por Deus, Frei Galvão ensinou às Irmãs "grande respeito pelos sacerdotes, porque eles nos ministram os benefícios do céu", sobretudo a Palavra de Deus, a Eucaristia e a Reconciliação. Vêm bem aqui as palavras do Papa Bento XVI na canonização de Frei Galvão: "Unidos em comunhão suprema com o Senhor na Eucaristia e reconciliados com Deus e com o nosso próximo, seremos portadores daquela paz, que o mundo não pode dar", daquela paz que constituiu grande parte da vida e da pregação do Santo de Guaratinguetá, daquela paz bebida e assimilada no Cristo eucarístico todos os dias e ao longo do dia inteiro.

Texto escrito por Frei Galvão

"Não há corporação alguma, religião ou comunidade, que em virtudes resplandeça sem o santo exercício da oração mental; com ela podemos ter humildemente uma certeza moral do nosso aproveitamento, e da nossa salvação; e, sem ela, um contínuo precipício de todos os males. Vossas Caridades fiquem muito advertidas na doutrina mencionada. Portanto, terão as religiosas neste Convento duas horas de oração mental, a saber: uma, recolhidas as religiosas em suas celas, ao toque do sino, das sete para as oito. Segunda vez, irão às oito horas ao coro cantar à Senhora, com devoção, a sua antífona *Tota Pulchra*. Meia hora pouco mais ou menos, em comunidade, no coro, depois de Matinas; outra meia hora em qualquer tempo que a devoção de cada uma e oportunidade de lugar lhes permitir. Além das referidas duas horas, pode, se quiser, qualquer Senhora religiosa ter mais tempo de oração, conforme o espírito de Deus e as obrigações lhe permitirem."[10]

---

[10] Trecho dos Estatutos elaborados em definitivo por Frei Galvão em 1788, para as Religiosas do Recolhimento. Note-se que "Recolhimento" significa Mosteiro; que "oração mental" significa contemplação; e "religião" aqui significa Congregação religiosa.

Eucaristia: lugar especial na vida de Frei Galvão

"Para além da devoção à sua paixão, Frei Galvão exprime o seu ardente amor a Cristo também na devoção fervorosa à Santíssima Eucaristia. Esta ocupa, com efeito, um lugar especial na vida do Servo de Deus.

Não esquecer que se trata de duas devoções inseparáveis. A Eucaristia não se pode considerar desligada da Cruz de Cristo, nem sob o aspecto teológico nem sob o aspecto espiritual e pastoral. E isto pelo simples fato de que a Eucaristia não é outra coisa senão o próprio Sacrifício de Cristo oferecido uma vez por todas no Gólgota, o qual vem renovado sacramentalmente todos os dias sobre os nossos altares mediante o ministério sacerdotal, instituído precisamente para tal fim, pelo mesmo Jesus antes de nos deixar para subir ao Pai: 'fazei isto em memória de Mim'. Não se pode ser devoto da Cruz, sem ser também na mesma medida e com a mesma intensidade devoto da Eucaristia.

Frei Galvão compreendeu isto muito bem. O itinerário da sua vida espiritual é disso o mais eloquente testemunho. Ele permaneceria incompreensível se não fosse considerado à luz do seu amor ao Cristo da Cruz e ao dos nossos altares."[11]

---
[11] Cardeal Saraiva Martins.

Oração a São Frei Galvão

Glorioso São Frei Galvão, fostes grande devoto de Jesus Cristo presente na Eucaristia, celebrastes diariamente a santa Missa e distribuístes a Comunhão aos fiéis e a levastes tantas vezes aos enfermos em suas casas. Permanecestes horas e horas diante do tabernáculo em adoração, contemplando aquele que, embora maior do que o universo, se deixa ficar numa pequena partícula de pão consagrado. Infundi em meu coração uma ardente devoção a Jesus sacramentado. Que as comunhões que faço me transformem, aprendendo de Jesus a humildade servidora e a caridade sem limites para com todos. E que na hora de minha morte, fortificado pelas comunhões que recebi, acolha com alegria a vinda gloriosa de Jesus, que me abrirá as portas do céu e me introduzirá para sempre na comunhão eterna com a Santíssima Trindade. Em nome do Pai e do Filho e do Espírito Santo. Amém.

Fato curioso

No mesmo domingo, dia 25 de outubro de 1998, em que o Papa João Paulo II beatificou em Roma Frei Galvão, elevou à honra dos altares outros dois sacerdotes e uma religiosa. Quem eram eles?

Zeferino Agostini, italiano, nascido em 1813, sacerdote diocesano, pároco, fundador da Congregação das Ursulinas Filhas de Maria Imaculada. Faleceu em 1896. Dele disse João Paulo II: "Viveu entre dificuldades e nunca perdeu a coragem".

Faustino Miguez, espanhol, nascido em 1831, sacerdote da congregação de São José Calasancio, missionário em Cuba, grande educador, botânico, fundador da Congregação das Irmãs Filhas da Divina Pastora. Morreu aos 94 anos em Madri. Dele disse João Paulo II: "Era um homem do povo para o povo".

Teodora Guerin, francesa, nascida em 1798. Aos 25 anos entrou na Congregação das Irmãs da Providência. Em 1840 implantou com êxito a Congregação nos Estados Unidos. Morreu em 1856. Dela disse o Papa: "Mulher guiada pela mão segura da Providência".

Regina Cæli: Oração rezada por Frei Galvão

(*Esta oração era e é rezada pelos Franciscanos, no tempo pascal, ao toque do sino às 6, 12 e 18 horas, e na Oração da Noite.*)

Rainha do céu, alegrai-vos, aleluia! Porque quem merecestes trazer em vosso puríssimo seio, aleluia, ressuscitou, como disse, aleluia. Rogai por nós a Deus, aleluia. Exultai e alegrai-vos, ó Virgem Maria, aleluia, porque o Senhor ressuscitou verdadeiramente, aleluia!

Oremos: Ó Deus, que vos dignastes alegrar o mundo com a ressurreição de vosso Filho Jesus Cristo, Senhor nosso, concedei-nos que, por sua Mãe, a Virgem Maria, alcancemos a vida eterna. Por Cristo nosso Senhor. Amém.

Lápide sepulcral de Frei Galvão, na capela do Mosteiro da Luz. Nela está escrito em latim: "Aqui jaz Fr. Antônio de Santana Galvão, ínclito fundador e diretor desta casa-mãe, que, no desejo de viver para sempre, placidamente adormeceu no Senhor no dia 23 de dezembro do ano de 1822"

Sétimo dia

CARIDADE SEM LIMITES

No sermão feito na Canonização de São Frei Galvão, o Papa Bento XVI disse que "a fama da imensa caridade do nosso Santo não tinha limites". Uma caridade sem limites é a caridade ensinada pelo Evangelho e se aprende como se aprende a ler e a escrever. Por isso é uma virtude. A teologia chama a caridade de "virtude teologal", porque fundamenta todas as outras e porque sempre tem a ver com Deus, mesmo quando é voltada para o próximo.

Em sua encíclica "Deus é Caridade", Bento XVI nos lembra, longo no início, que, se Deus é caridade, também o ser humano e seu caminho estão marcados pela caridade. A criatura humana foi feita à imagem e semelhança de Deus, portanto, também com qualidades divinas e com um destino eterno. Nada nos assemelha tanto a Deus quanto o amor-caridade. E nada nos aproxima tanto de Deus quanto a caridade verdadeira, que é sempre gratuita e sincera.

Frei Galvão aprendeu a virtude da caridade em casa dos pais e a desenvolveu ao grau máximo durante sua vida religiosa e sacerdotal, a ponto de o

Papa Bento XVI afirmar na homilia da canonização que Frei Galvão "alcançou a plenitude da caridade". Os pais eram conhecidos não só em Guaratinguetá, mas também em toda a região, pela caridade que faziam. Eram membros da Ordem Franciscana Secular, que tem a caridade e o cuidado pelos pobres como um de seus princípios de vida.

Quando sua mãe morreu, aos 38 anos, encontraram pouca roupa sua: havia dado tudo aos pobres, ficando apenas com o necessário. Que exemplo para as mulheres que têm os armários abarrotados de vestidos, casacos, xales. Que exemplo para os homens, que só se sentem gente se têm muito. Ainda há pouco me telefonaram, perguntando se o Convento receberia alguns pares de sapato para os pobres, sapatos de um senhor que morrera. Vieram nada menos que 88 pares. E provavelmente o senhor dos sapatos terá sido enterrado só de meias. Quando aprenderemos a lição do desprendimento de tudo o que nos sobra?

Se consultarmos os livros de batizados da paróquia de Guaratinguetá nos tempos de Frei Galvão menino, encontraremos dezenas de crianças que tinham por padrinhos os pais dele. Talvez as famílias tinham esperança de serem ajudadas, talvez era uma forma de agradecer a ajuda recebida. Não há dúvida que Antônio cresceu num ambiente de portas e corações abertos. E aprendeu a lição, reforçada, depois, na Ordem Franciscana, cujos Conventos costumam estar cercados de pobres, necessitados e marginalizados.

De fato, Frei Galvão foi um mestre e dispensador da caridade. Entre seus pobres atendidos estavam os que vinham do interior para a cidade; estavam os escravos, que não tinham nenhuma possibilidade de posses; estavam os órfãos de pais vivos, hoje chamados "meninos e meninas de rua"; estavam os doentes, num tempo sem médicos, sem farmácia, sem hospitais. Bem lembrou o Papa Bento XVI: "Pessoas de toda a geografia nacional iam ver Frei Galvão que a todos acolhia paternalmente. Eram pobres, doentes no corpo e no espírito, que lhe imploravam ajuda".

A construção do Mosteiro da Luz é um gesto concreto de sua caridade, para que pias senhoras pudessem dedicar-se inteiramente ao amor a Deus na oração, na vivência fraterna e na penitência. E porque a cidade inteira reconhecia nele um homem de caridade, davam-lhe esmolas em dinheiro, pedras, madeiras e mão-de-obra para levantar a casa que ele mesmo definiu como "dedicada ao Senhor, onde com mais segurança floresçam as virtudes, principalmente a caridade". No dia da canonização de Frei Galvão, o Papa o elogiou "pela sua disponibilidade para servir o povo sempre quando solicitado". Para Frei Galvão, servir o povo era servir a Deus e servir a Deus era fazer-se caridade para todos.

Texto de Frei Galvão

"Como na primitiva Igreja, em que a caridade cristã mais resplandecia, eram os bens comuns, e ninguém podia dizer: isto é meu, sejam também aqui os bens comuns, à imitação daquela antiga harmonia espiritual; e se fará, por esta virtude, a Providência do Senhor mais copiosa nesta casa. Ficando advertida a Irmã porteira de fazer que as esmolas todas, ainda as mesmas dádivas particulares mandadas à portaria, sejam entregues à Prelada, a qual, despindo-se de particular afeição, as mandará pôr no refeitório; e, se for pequena quantidade que a todas não chegue, distribuirá com prudência, conforme pedir a maior necessidade das Irmãs religiosas."[12]

O amor a Cristo produz o amor ao próximo

"O amor de Cristo levou Frei Galvão a amar também os irmãos, todos os que ele encontrou no seu caminho. O amor Àquele não pode deixar de se manifestar no amor a estes. Trata-se das duas dimensões, ambas essenciais, do verdadeiro amor cristão: a vertical para com o Senhor e a horizon-

---

[12] Trecho dos Estatutos elaborados por Frei Galvão em 1788 para as Religiosas do Recolhimento.

tal para com o próximo. Sem um profundo amor a Cristo, o amor ao próximo é pura filantropia.

Frei Galvão teve sempre, entre os irmãos, uma particular predileção pelos mais pobres. Este amor preferencial por eles animou sempre a atividade pastoral do Servo de Deus e constitui um ótimo exemplo para o homem do nosso tempo. Também hoje há pobres e não só no Brasil. As grandes metrópoles de todo o mundo têm de ter em conta uma crescente multidão de pobres. De pobres de diversos tipos, que têm necessidade de tantas coisas, mas sobretudo de amor. Deste amor que animou sempre a vida e a incansável atividade pastoral de Frei Galvão."[13]

Oração a São Frei Galvão

Glorioso São Frei Galvão, todos os vossos contemporâneos elogiam vossa caridade. De fato, fostes um santo feito de caridade. Assim como o sangue corria pelas veias do corpo, a caridade corria pelas veias da vossa alma e vos impulsionava a ser tudo para todos. Jesus nos ensinou que não há maior amor do que doar a vida pelos irmãos; e vós destes a vida inteira aos outros, sem nada reservar para si. Nenhum cansaço, nenhum interesse pessoal vos deteve. A caridade que vos inquietava na prática

---

[13] Cardeal Saraiva Martins.

do bem era aquela que suporta com paciência não só as ofensas, mas também as incompreensões, a ignorância e as fraquezas. Vossa caridade era aquela que reparte tudo, tanto os bens materiais quanto os espirituais. Sois um modelo daquela caridade-amor que nos ensinava Jesus quando, na Última Ceia, dizia aos Apóstolos: "Amai-vos uns aos outros como eu vos tenho amado". Vós amastes como Jesus, por isso, fostes um canal de muitas bênçãos para pobres e ricos, fostes um homem pacificador de ódios e rancores, fostes um padre segundo o coração de Jesus, sempre manso e humilde, e pronto para atender os necessitados. Olhando-vos, me sinto mesquinho, egoísta e duro de coração. Preciso da vossa ajuda. Sou como o publicano do Evangelho no templo. Preciso aprender que "a caridade tudo suporta, tudo crê, tudo espera, tudo desculpa", tudo perdoa, tudo reparte. São Frei Galvão, modelo de caridade e ternura, pedi a Deus por mim para que também eu ame o próximo como Jesus amou e sirva a todos como vós a todos servistes em nome do Senhor. Em nome do Pai e do Filho e do Espírito Santo. Amém.

Fato curioso

Quando em Itu, de visita ao tenente e ouvidor Fernando Paes de Barros e sua mulher Maria Jorge, e aceitando o convite de com eles pernoitar, o casal conduziu Frei Galvão ao quarto já preparado. Parando diante da porta, disse: "Este quarto não me serve!". Disseram-lhe que fora preparado justamente para ele. "Mas neste não quero passar a noite, quero dormir naquele", e apontou para o quarto do casal. Fizeram-lhe a vontade. No dia seguinte, encontraram a cama intacta, mas desde aquele dia cessaram todas as brigas que até aquela noite eram constantes entre o casal.

Ave, Maris Stella: **Oração rezada por Frei Galvão**

(*Este hino, conhecido pelo primeiro verso em latim Ave, Maris Stella, é de autor desconhecido, anterior ao século IX, era e é rezado no Ofício Parvo de Maria, que Frei Galvão prescreveu para as Irmãs do Recolhimento. Certamente ele o rezava todos os dias, em latim.*)

Ave, do mar Estrela,
Bendita Mãe de Deus,
Fecunda e sempre Virgem,
Portal feliz dos céus.
Ouvindo aquele Ave
Do Anjo Gabriel,
Mudando de Eva o nome,
Trazei-nos paz do céu.
Ao cego iluminai,
Ao réu livrai também;
De todo mal guardai-nos
E dai-nos todo o bem.

Mostrai ser nossa Mãe,
Levando a nossa voz
A Quem, por nós nascido,
Dignou-se vir de vós.
Suave mais que todas,
Ó Virgem sem igual,
Fazei-nos mansos, puros,
Guardai-nos contra o mal.
Oh, dai-nos vida pura,
Guiai-nos para a luz,
E um dia, ao vosso lado,
Possamos ver Jesus.
Louvor a Deus, o Pai,
E ao Filho, Sumo Bem,
Com seu Divino Espírito
Agora e sempre. Amém.

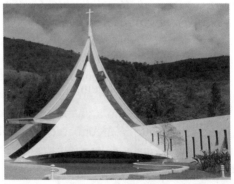

**Capela da Fazenda da Esperança,
Guaratinguetá, dedicada a São Frei Galvão,
inaugurada pelo Papa Bento XVI no dia seguinte
à canonização de Frei Galvão**

Oitavo dia

FREI GALVÃO: CONFESSOR E CONSELHEIRO

A caridade não se mostra só no atendimento paciente aos pobres de bens materiais, aos famintos de comida e aos sem-teto. O padre tem outra grande oportunidade de exercer a mais pura das caridades: o atendimento solícito aos pecadores. Frei Galvão era muito procurado como confessor. Porque tinha o dom do conselho, o dom de dizer a palavra certa, e em boa medida, a cada penitente.

Neste particular, tinha um grande mestre: Santo Antônio de Pádua que, depois das longas pregações, passava horas, às vezes a noite inteira, atendendo os fiéis que queriam o perdão de Deus através das mãos do pregador. A palavra do Santo os havia levado à contrição. A contrição (arrependimento) e a confissão são uma só fonte de água divina, que lava, purifica, fecunda e perfuma a alma.

Nem sempre quem vem confessar-se, vem porque está em pecado. Vem também buscar consolo, conselho e bênção. O Papa João Paulo II, na homilia de beatificação, chamou Frei Galvão de "consolador dos aflitos" e "prudente conselheiro da vida espiritual". Perdoando pecados ou consolando, o padre será sempre um ministro da reconciliação. Reconciliação em suas três dimensões: com Deus, com o próximo e consigo mesmo. A reconciliação é o único chão em que se pode plantar a paz. Quem exerce o ministério da reconciliação, ainda que na intimidade do confessionário, está construindo a sociedade, está tornando possível o Reino de Deus.

Frei Galvão exerceu ainda em alto grau outra forma de caridade, que só as pessoas humildes são capazes de fazer. Frei Galvão pacificava corações revoltados e raivosos; pacificava famílias divididas entre si; pacificava vizinhos brigados, visitando-os, ouvindo seus lamentos e razões. No dia de sua canonização, o Papa Bento XVI o chamou de "pacificador das famílias". E isso ele fazia não só na cidade de São Paulo, onde vivia, mas também em suas longas andanças a pé, de missionário popular, pelo vale do Paraíba, pelo vale do Tietê e pela estrada que levava ao litoral. Sua mediação era tomada a sério, porque todos o consideravam santo e todos o tinham, ainda na expressão do Papa, como "sacerdote inteiramente a serviço de Deus e do próximo".

Três qualidades davam a Frei Galvão autoridade de pacificar e refazer o amor fraterno e familiar despedaçado. A primeira era a humildade. Uma pessoa orgulhosa e prepotente jamais será conciliadora, ainda que tenha a Lei em suas mãos. A humildade é a virtude que costura os rasgos do tecido social. A humildade é o cimento capaz de colar e refazer o vaso quebrado da harmonia. Pela humildade passa a força divina da reconciliação. A segunda virtude de Frei Galvão era a mansidão, irmã gêmea da humildade. O próprio Jesus uniu as duas virtudes quando disse: "Aprendei de mim, que sou manso e humilde de coração" (Mt 11,29). Nas bem-aventuranças do Sermão da Montanha (Mt 5,5), Jesus repetiu e confirmou o Salmo 37,11: "Os mansos possuirão a terra", ou seja, quem tem o coração manso é capaz de fazer o milagre da unidade, da concórdia e da paz.

A terceira qualidade de Frei Galvão, pacificador e homem de caridade intensa, era a paciência. A paciência é como a projeção da humildade. A carta aos Hebreus nos diz que "precisamos da paciência para cumprir a vontade de Deus" (Hb 10,16). A paciência gera o bom-senso nas decisões. Sem o bom-senso, nenhuma virtude tem consistência e fecundidade. A Sagrada Escritura chama o bom--senso de "prudência". São Paulo aconselhou a Timóteo: "Guarda a paciência e a mansidão" (1Tm 6,11). E na carta aos Coríntios, uniu a paciência à caridade (1Cor 13,4). Frei Galvão fez da paciência, da mansidão e da humildade sua força para provocar, na caridade, o perdão, a convivência e o respeito mútuo. Como lhe cai bem o apelido que lhe deu o Papa João Paulo II: "Doçura de Deus"!

Texto de São Frei Galvão

"Não se admire a Prelada, muito menos se espante, de que tenham as religiosas algumas faltas, porque o viver sem elas neste mundo é impossível; mas, para que estas sejam menos e trabalhem sempre as religiosas por se emendarem, não deixe de as advertir, repreender, e ainda castigar as mais consideráveis. Isto, porém, lhe recomendamos que o faça com muita ponderação, tempo e prudência, despindo-se totalmente de qualquer paixão ou motivo que não for puramente o de agradar a Deus Nosso Senhor. Desta sorte fará fruto a correção, e do contrário resultarão mais desordens que proveito.

A caridade é mansa e benigna. Quem tem esta virtude não se irrita facilmente, não julga mal nem se perturba por qualquer coisa, e é muito industriosa para sossegar e compor os ânimos e gênios mais desconcertados. Essa virtude deve muito resplandecer na Prelada, por ser assazmente necessária para edificação, consolação e sossego das religiosas."[14]

---

[14] Trecho dos Estatutos elaborados por Frei Galvão para as Religiosas do Recolhimento.

Frei Galvão: uma vida gasta no serviço

"Frei Galvão não temia visitar e pagar as dívidas dos marginalizados, mesmo no silêncio da noite, ou percorrer longas distâncias, sempre a pé, para atender as mais diversas solicitações. Foi um peregrino da caridade e da paz. E quem, mesmo em nossos dias, não necessita de amor, de compreensão, de ternura, de perdão?

O epíteto de "homem da paz e da caridade", que lhe foi dado pelo Senado da Câmara de São Paulo, é a mensagem que podemos considerar como a característica, ou melhor, a missão de Frei Galvão para o Brasil de ontem e, sobretudo, de hoje! Esse franciscano prova e comprova o valor de uma vida sacerdotal evangelicamente vivida e apostolicamente gasta no serviço dos irmãos."[15]

Oração a São Frei Galvão

Glorioso São Frei Galvão, fostes um modelo de confessor e conselheiro. Quero vos pedir humildemente a graça de sempre me aproximar do Sacramento da Confissão com a certeza da misericórdia divina. Sei que Deus jamais me abandonará apesar dos meus pecados. É promessa divina: "Ainda que

---

[15]Cardeal Geraldo Majella Agnelo, texto de 1998. Nesse tempo Dom Geraldo era Secretário da Congregação para o Culto Divino e a Disciplina dos Sacramentos.

uma mãe esqueça o filho, eu não me esquecerei de ti" (Is 49,15). Quantas vezes vós invocastes o perdão de Deus sobre os pecadores contritos! Sei que a graça do arrependimento é tão grande quanto a graça do perdão. Ajudai-me a reconhecer meu pecado e minha fraqueza. Ajudai-me no propósito de vencer o erro e a maldade. Vós conhecestes de perto a fragilidade humana. Vós sabíeis que nosso coração está inclinado para o mal desde o nascimento. Dai-me a coragem do esforço contínuo para sair do pecado e viver na graça de Deus. Ajudai-me a perseverar no bom propósito. Vós dissestes um dia, numa hora de muita amargura: 'Quem persevera com confiança, Deus o envolve em sua misericórdia'. É isto que eu quero e procuro: viver envolvido pela misericórdia de Deus, perdoado de meus pecados e pacificado em meu coração. Sois vós que me dizeis que é isto que também Deus quer de mim. Obrigado, Frei Galvão, pela vossa ajuda que, espero, não me faltará jamais. Em nome do Pai e do Filho e do Espírito Santo. Amém.

Fato curioso

Alguns santos contemporâneos de Frei Galvão

Santo Egídio Maria de São José (1729-1812), franciscano italiano. Festa 10 de fevereiro.

Santa Maria Francisca das Cinco Chagas: (1734-1791), leiga, da Ordem Franciscana Secular. Viveu em Nápoles. Festa 6 de outubro.

São Francisco Xavier Bianchi (1743-1815), napolitano, barnabita, conhecido confessor, inclusive de Santa Maria Francisca das Cinco Chagas. Cheio de doenças, era, contudo, muito procurado pelo povo. Festa 31 de janeiro.

São Vicente Maria Strambi (1745-1824), passionista, bispo de Macerata e Tolentino. Renunciou à diocese para ser conselheiro pessoal do Papa Pio VII. Foi confessor em Roma da bem-aventurada Ana Maria Taigi. Festa 1º de janeiro.

Santa Teresa Margarida Redi (1747-1770), italiana, carmelita, falecida aos 23 anos. Festa 7 de março.

São Clemente Maria Hofbauer (1751-1820), tcheco, redentorista. Festa 15 de março.

Santo André Humberto Fournet (1753-1834), pároco francês. Co-fundador junto com Santa Isabel Bichier de congregação religiosa. Festa 13 de maio.

São João de Triora (1760-1816), franciscano, mártir na China em 1816. Festa 7 de fevereiro.

Santa Joana Thouret (1765-1826), francesa. Depois de grandes tribulações na Revolução francesa, fundou uma congregação para amparar os órfãos da revolução. Festa 25 de agosto.

Santa Isabel Bichier de Ages (1773-1838), francesa, leiga consagrada, depois religiosa e cofundadora, junto com Santo André Fournet, de congregação religiosa. Festa 26 de agosto.

Santa Isabel Ana Seton (1774-1821), norte-americana, leiga, viúva, fundadora de uma congregação para meninas pobres. Foi a primeira norte-americana a ser beatificada. Festa 4 de janeiro.

São Manoel Nguyen van Trieu, sacerdote, martirizado no Vietnã em 1798. Festa 24 de novembro.

São João Dat, sacerdote, mártir no Vietnã em 1798. Festa 24 de novembro.

São Gaspar de Búfalo (1786-1837), sacerdote romano, missionário popular, criador de obras de caridade. Suas missões ficaram famosas pelo encerramento: em praça pública eram queimadas todas as armas de fogo e todos os livros heréticos. Festa 2 de janeiro.

Ave, Regina Cælorum: oração rezada por Frei Galvão

Ave, Rainha do céu! Ave dos Anjos Senhora! Ave, Raiz, ave Porta! Da luz do mundo és aurora! Exulta, ó Virgem tão bela, as outras seguem-te após! Nós te saudamos: Ave! E pede a Cristo por nós! Virgem Mãe, ó Maria!

Assinatura de Fr. Antônio de Santana Galvão, em documento de 22 de agosto de 1774

MURMURAÇÃO, CARIDADE E SILÊNCIO

Nos Estatutos que Frei Galvão escreveu para as Irmãs do Mosteiro da Luz, chama-as sempre de "Vossas Caridades". Uma expressão com que o antigo português chamava os religiosos e religiosas, distinguindo-os de "Vossa Mercê", que era atributo de leigos eminentes. Chamando às religiosas de "Vossa Caridade", o povo queria exprimir ao menos duas coisas: que elas viviam da esmola, da caridade, ou seja, desapegadas dos bens temporais; e que elas eram o testemunho visível de um amor especial a Deus, vivido em nome de toda a sociedade.

A virtude da caridade é mais que gestos de esmola, de vestir os nus, de dar de comer a quem tem fome e de beber a quem tem sede. A caridade envolve um modo de convivência fraterna, segundo os preceitos do Evangelho. A caridade manda controlar os cinco sentidos para que eles não a firam. Sem caridade atenta e sincera não é possível a vida comunitária no mundo e muito menos a vida comunitária no Convento. Minha caridade-esmola se enfraquece e pode até perder o valor, se não tenho a caridade-virtude, que, como ensina Santo Afonso de Ligório († 1787), quase contemporâneo de Frei Galvão, dá unidade e consistência a todos os nossos gestos caritativos e a todas as virtudes que pensamos ter.

Nos Estatutos que Frei Galvão deu às Irmãs, para poderem conviver em penitência e santidade, ele bate forte num vício que esvazia a caridade e chega a matá-la: a murmuração. Murmura quem reclama de tudo. Murmura quem não está contente com nada. Murmura quem vive azedo nas palavras. Murmura quem não fala com os outros por estar magoado. Murmura quem se magoa por qualquer mosca que lhe pousa na cabeça ou por qualquer palavra que alguém tenha dito. Murmura o egoísta. Murmura quem quer sol em dia de chuva. Murmura quem quer chuva em dia de sol. Murmura quem quer Deus a seu exclusivo serviço. Murmura quem não sabe se perdoar. Murmura quem não consegue ler os sinais dos tempos que estão claros à sua frente. Murmura o saudosista. Murmura quem, em vez de viver a realidade, se aninha nas suas fantasias. Murmura o pobre que quer ser rico. Murmura o rico cioso da guarda de seus bens. Murmura, sobretudo, quem gostaria que todos fossem iguais a ele, pensassem como ele, rezassem como ele. Murmura quem não consegue ver a multiplicidade das flores e a diversidade de pessoas. Murmura quem, vendo os pássaros voar, chora porque não tem asas. Murmura quem, vendo os peixes nadando, reclama que eles não trabalham. O murmurador não tem vocação comunitária. Não tem vocação religiosa. Jamais será um contemplativo, uma contemplativa.

Frei Galvão é fortíssimo ao culpar a murmuração por toda e qualquer decadência da vida religiosa: "Fujam do vício da murmuração, que é tão prejudicial às almas religiosas; tenham dele maior horror que do próprio Satanás". Não é exagerado dizer que a geração do povo hebreu que saiu do Egito não entrou na Terra Prometida por causa da murmuração. Reclamavam da água, reclamavam da comida, reclamavam do gosto do maná, reclamavam da autoridade de Moisés. Chegaram a dizer: "Era melhor servir como escravos do Faraó do que morrer no deserto" (Êx 14,12). Deus se queixou muito da murmuração do povo.

Frei Galvão quis preservar sua obra, quis preservar as Irmãs. Como remédio para o vício da murmuração, Frei Galvão aconselha o silêncio generoso, que ele chama de "grande virtude". Com o silêncio, advierte o Santo, "as Irmãs vencerão o infame vício da murmuração, crescerão em virtudes e serão ricas em merecimentos". E conclui o conselho: "Peço-lhes e rogo que fujam como de blasfêmias contra Deus, de dizer umas às outras palavras picantes e fuxicos", para que em tudo e em todas reine a Caridade.

Texto escrito por Frei Galvão

"O vício da murmuração insensivelmente corrompe os bens do espírito e degenera todas as virtudes. Saibam que todo o barulho, deformidade e ruína do mundo procedem da infame murmuração. Saibam que as desordens e escândalos das comunidades religiosas procedem da murmuração. Saibam que a queda dos santos, os anos sem aproveitamento nenhum, a falta de paz e de consolação na vida espiritual procedem da murmuração. Saibam que a murmuração é uma traça tão sutil que é capaz de roer um hábito inteiro, ainda que seja da melhor fazenda. E saibam ainda que a murmuração é ferrugem que corrói e consome os cilícios, ainda que sejam eles fabricados de metal. Ela só não corrói o que for feito do ouro da caridade perfeita."[16]

Frei Galvão: homem sereno apesar do sofrimento

"Frei Galvão suportou tudo com a paciência e a resignação, próprias de quem estava habituado a imitar em tudo o Divino Modelo, Jesus

---

[16] Trecho dos Estatutos elaborados por Frei Galvão para as Religiosas do Recolhimento.

Cristo. Ele estava de fato muito habituado. Com uma vida de renúncias e de sacrifícios, a sua maior preocupação foi sempre a de imitar Cristo. Pode-se dizer que a sua vida foi uma verdadeira imitação de Cristo, um esforço contínuo para reproduzir no seu corpo os mistérios de Cristo, de acordo com o ensino do Apóstolo.

Frei Galvão suportou as cruzes que Deus lhe enviou não só com paciência e resignação, mas também com alegria. Dele se disse que 'nunca se lamentava, nem mesmo nos sofrimentos, pelo contrário, conservava-se sempre alegre'; e que 'estava sempre sereno, sorridente e reconhecido por tudo o que recebia'.

É a alegria da Cruz, que só as almas santas conseguem experimentar. Isto porque aprenderam a ver e a viver, à luz da ressurreição e da alegria pascal, a Cruz e portanto todas as cruzes de que está tecida a vida do homem. Compreenderam profundamente que se trata de duas fases ou momentos dum único mistério salvífico, que mutuamente se exigem e se iluminam: em Cristo e nos seus discípulos. Na Cabeça e nos membros: no Cristo total, como diria Santo Agostinho."[17]

---

[17] Cardeal Saraiva Martins.

Oração a São Frei Galvão

Glorioso São Frei Galvão, sou um dos muitos devotos que vos procuram para pedir. Olhando para vós, quero aprender a serenidade do coração, que vê a mão de Deus em todos os fatos e circunstâncias. Não quero ver nas pessoas uma cópia de mim mesmo, mas alguém criado à imagem e semelhança de Deus, com seu próprio caminho, que bem pode ser diferente do meu. Quero aprender de vós a alegria do serviço. Se todos vos procuravam, é porque a todos vós acolhíeis com imensa caridade. Quantas vezes caminhastes longas distâncias para atender quem precisava de vossa presença abençoada! Quero aprender de vós a nunca murmurar nas dificuldades e contratempos e, muito menos, contra os pecados dos outros. Pareço ouvir de vossos lábios que para isso preciso de humildade e silêncio. Preciso da humildade que compreende, perdoa e ama. Preciso do silêncio para não dizer mal de ninguém. Quero aprender de vós a ter meu coração voltado para Deus, porque o coração voltado para Deus é um coração sempre voltado para o próximo. Quero aprender de vós a pertencer somente a Deus, para que todos encontrem em mim um coração compassivo, terno e amigo. Em nome do Pai e do Filho e do Espírito Santo. Amém.

Fato curioso

Alguns bem-aventurados, contemporâneos de Frei Galvão

Beato Junípero Serra (1713-1784), missionário franciscano, fundador da Igreja na Califórnia. Sua estátua figura no Panteão dos Estados Unidos. Festa 28 de agosto.

Beato Diogo José de Cádiz (1743-1801), franciscano capuchinho, espanhol. Festa 24 de março.

Beata Josefina de Leroux (1747-1794), irmã clarissa martirizada pela Revolução Francesa. Festa 23 de outubro.

Beata Ana Maria Taigi (1769-1837), operária, mãe de sete filhos; para melhorar o salário e ter com que ajudar os pobres, fazia também trabalhos de agulha. Conselheira dos papas Pio VII e Leão XII. Festa 9 de junho.

Beato Domingos Lentini (1770-1828), sacerdote italiano. Festa 25 de fevereiro.

Beata Isabel Canori Mora (1774-1825), romana, leiga e mãe de família. Festa 5 de fevereiro.

Os 96 mártires da Revolução Francesa, entre os quais três bispos, no dia 2 de setembro de 1792.

As 16 Carmelitas de Compiègne, martirizadas pela Revolução Francesa no dia 17 de julho de 1794, em Paris.

Beatos André Fardeaux (24 de agosto) e *Antônio Banassat* (18 de agosto), mortos pela Revolução Francesa em 1794.

As duas ursulinas martirizadas no dia 10 de julho de 1794 pela Revolução Francesa.

As quatro ursulinas martirizadas no dia 26 de julho de 1794 pela Revolução Francesa.

As sete religiosas martirizadas no dia 16 de julho de 1794 pela Revolução Francesa.

Coroa franciscana: Oração rezada por Frei Galvão

(*É uma tradicional oração franciscana, já conhecida em 1400, e se reza à moda de rosário. São sete mistérios, cada um recordando uma alegria de Nossa Senhora. Muitos franciscanos costumavam, e em algumas Províncias ainda costumam, levá-la externamente presa ao cordão, e rezá-la todos os dias. É certo que Frei Galvão a rezava diariamente. E mandou suas religiosas também rezá-la todos os dias ao pôr-do-sol. Desta coroa nasce também a devoção a Nossa Senhora dos Prazeres.*)

São os seguintes os "mistérios" da Coroa Franciscana:

1. A alegria na Anunciação de que seria a Mãe de Deus.

2. A alegria de encontrar Isabel, mãe de São João Batista.

3. A alegria do nascimento de Jesus na noite de Natal.

4. A alegria da visita dos Magos em nome de todos os povos.

5. A alegria do encontro do Menino no templo, entre os doutores.

6. A alegria do encontro com o Filho ressuscitado na manhã de Páscoa.

7. A alegria de sua coroação no céu como rainha do universo.

Quadro a óleo do pintor italiano Tirone, de 1860, do acervo do Convento S. Antônio do Rio de Janeiro. Há um quadro, cópia de Tirone, do pintor francês Augusto Petit, de 1892, no Mosteiro da Luz, em S. Paulo. Petit viveu no Rio de 1864 até a morte em 1927

Décimo dia

FREI GALVÃO
E AS PÍLULAS MILAGROSAS

O evangelista Marcos conta que depois de ter curado "muitos doentes de enfermidades diversas" (Mc 1,34), Jesus se retirou para um lugar deserto e se pôs em oração. Os discípulos foram procurá-lo e quando o encontraram disseram: "Todos andam à tua procura" (Mc 1,37). Exatamente isso acontecia com Frei Galvão, que nunca separou caridade e oração. Por isso mesmo, todos andavam à sua procura. Cada um arrastando consigo suas necessidades, a saúde precária e o medo do futuro. A todos Frei Galvão consolava. Bem disse o Papa Bento XVI: "A todos eles acolhia paternalmente", como o fizera Jesus, que chegou a dizer: "Eu vim para os doentes" (Mc 2,17).

Entre os muitos doentes, que procuravam Frei Galvão, veio um moço, gemendo de dores, porque não conseguia expelir algumas pedras aninhadas nos rins. Exatamente como Jesus, Frei Galvão teve compaixão dele e procurou um modo de ajudá-lo. Pegou três pedacinhos de papel e em cada pedacinho escreveu esta frase em latim, que é da liturgia católica: *Post partum, Virgo, inviolata permansisti; Dei Genitrix intercede pro nobis.* Em português: "Depois do parto, Virgem, permanecestes inviolada; Mãe de Deus, rogai por nós!". Enrolou cada um dos papeizinhos em forma de pílula redonda, e deu-os ao jovem para que os engolisse como se fora remédio. Ele tomou e, logo depois, expeliu as pedras e ficou curado.

Milagre? Não precisa ser. Sugestão? Talvez. Todos sabem que a confiança no médico é grande caminho andado em direção à cura. Todos sabem que a mãe, ao passar um pouco de saliva sobre o machucado do filho, tem a força de cura. Todos sabem que a fé tem força prodigiosa. Aqui se juntaram a fama de santidade de Frei Galvão, o grande desejo de cura do moço e a intercessão de Maria, mãe dos aflitos, sempre pronta a atender seus filhos.

Outro fato. Um homem procurou Frei Galvão para pedir a bênção para sua esposa que, estando para dar à luz, não conseguia levar a cabo o parto. Frei Galvão se lembrou dos três papeizinhos e do moço curado. Escreveu outros três, os enrolou e deu ao homem com a recomendação de levá-los à esposa imediatamente e que ela os tomasse como se fora remédio. Ela tomou e completou o parto sem dificuldade.

A fama dos três papeizinhos com a frase curadora se espalhou. Pessoas com doenças difíceis de diagnosticar, mães com dificuldade de conceber ou de levar adiante a gravidez, doentes desenganados pelos farmacêuticos e pelos médicos, recorriam a Frei Galvão, que já não tinha tempo de escrever a milagrosa frase em tantos papeizinhos. Passou a tarefa às Irmãs do Mosteiro, que as podiam distribuir também na sua ausência. Foi assim que, ainda em vida do Santo, as "pílulas de Frei Galvão" criaram fama e continuaram, depois de sua morte, a beneficiar centenas e centenas de doentes.

Dizia-me uma senhora: "Fiz a novena, não fiquei curada, mas me invadiu uma paz tão grande que doença mais nenhuma pode me abater". Outra escrevia: "Eu estava com cirurgia marcada para terça-feira. Comecei a novena para ter força de enfrentar a retirada das duas mamas, ambas com nódulos cancerosos. Na segunda, me apresentei ao médico para um último exame. Eu estava curada! O médico, perplexo, buscou os exames e comparou com novos. De fato, eu estava curada!". Um casal quis contar em voz alta na Missa (que todo dia 25 de cada mês celebramos em honra de Frei Galvão, às 10h da manhã, no Convento de Santo Antônio no Largo da Carioca): "Nosso filho estava por nascer. O exame pré-natal descobriu nele uma grave deficiência. O médico quis o aborto, porque a mãe corria risco. Pegamos todos aqueles exames, colocamos aos pés do quadro de Frei Galvão, começamos juntos a novena, acrescentando a mais da oração, a missa e a comunhão diária. A criança nasceu de parto normal e normalíssima". O casal mostrava ao povo, extravasando de felicidade, o filho de dois anos.

Texto escrito por Frei Galvão

"Para que uma alma religiosa possa alcançar a tranquilidade de espírito e a perfeita caridade no amor do próximo, deve sempre temer, fugir e abominar o vício da murmuração; estudando espiritualmente, nunca em suas palavras, a pessoa alguma ofender, procurando ser muito acautelada na virtude do silêncio, com o qual certamente virá a conseguir aumento grande nas mais virtudes. Sendo o silêncio do dito vício uma total abstração, com ele se evitam as desordens do infame vício. Na verdade, é mais digno de respeito, veneração e louvor o silêncio de uma ignorante religiosa do que a loquacidade discreta em muito sábio religioso.

Vossas Caridades advirtam que nas divinas letras o Espírito Santo nos ensina que a alma religiosa, não refreando a sua língua, é certamente vã a sua religiosidade, e a virtude que representa não é verdadeira. Diz (e Vossas Caridades advirtam!): aquele que em suas palavras nunca ofender ao próximo, este é o varão perfeito, ou perfeita religiosa. Atendam, caríssimas Irmãs, a estes divinos documentos e palavras de eterna verdade, a sempre viverem com afeto grande à virtude do silêncio, porque com ele brevemente se farão vencedoras do infame vício da murmuração, provectas em virtudes, ricas em merecimentos. Para complemento deste parágrafo, lhes peço e rogo, que fujam, como de blasfêmias contra Deus, de dizer umas às outras palavras picantes e fuxicos."[18]

Frei Galvão: caridade sem limites

"A fama da sua imensa caridade não tinha limites. Pessoas de toda a geografia nacional iam ver Frei Galvão que a todos acolhia paternalmente. Eram pobres, doentes no corpo e no espírito que lhe imploravam ajuda.

Como soam atuais para nós, que vivemos numa época tão cheia de hedonismo, as palavras que aparecem na Cédula de consagração da sua castidade: 'tirai-me antes a vida que ofender o vosso bendito Filho, meu Senhor'. São palavras fortes de uma alma apaixonada, que deveriam fazer parte da vida normal de cada cristão, seja ele consagrado ou não, e que despertam desejos de fidelidade a Deus dentro ou fora do matrimô-

---

[18] Trecho dos Estatutos elaborados por Frei Galvão para as Religiosas do Recolhimento.

nio. O mundo precisa de vidas limpas, de almas claras, de inteligências simples que rejeitem ser consideradas criaturas objeto de prazer. É preciso dizer não àqueles meios de comunicação social que ridicularizam a santidade do matrimônio e a virgindade antes do casamento."[19]

Oração a São Frei Galvão

Glorioso Frei Galvão, Deus, doador de todos os bens, vos concedeu o dom da cura, o mesmo dom que Jesus tinha e usava com os enfermos, os fracos e os desesperados. Vós fostes um instrumento abençoado de Jesus para o povo. E foi em nome de Jesus que curastes tanta gente, que vos procurava angustiada. Hoje não vou pedir nada. Quero, sim, agradecer a Deus pelo bem que vós fizestes, não só em vida, mas também até os dias de hoje. Obrigado, Senhor, por nos terdes dado Frei Galvão. Obrigado pelo exemplo de bondade e caridade que ele é. Obrigado por tê-lo tão perto de nós. Obrigado pelo bem que ele, em vosso nome, fez e faz a todos nós. Obrigado pelo amor que ele nos ensinou a Jesus Crucificado e à sua Mãe santíssima. Que também nós possamos fazer o bem a todos e, um dia, com ele, estar con-

---

[19] Papa Bento XVI, homilia da canonização.

vosco na glória do céu. Em nome do Pai e do Filho e do Espírito Santo. Amém.

Fato Curioso

Frei Galvão emitiu a Profissão perpétua na Ordem Franciscana no dia 16 de abril. Ora, no dia 16 de abril de 1209, São Francisco e seus primeiros companheiros fizeram a Profissão nas mãos do Papa Inocêncio III, em Roma. Por isso, na maioria dos Conventos da Ordem, no dia 16 de abril, os Frades renovam seus votos religiosos.

Te Deum: **Oração rezada por Frei Galvão**

(*Todos os domingos e dias festivos, Frei Galvão rezava o* Te Deum *depois das Matinas.*)

A vós, ó Deus, louvamos,
A vós, Senhor, cantamos
A vós, eterno Pai,
Adora toda a terra.
A vós cantam os anjos,
Os céus e seus poderes:
Sois santo, santo, santo,
Senhor, Deus do universo!
Proclamam céus e terra
A vossa imensa glória.
A vós celebra o coro
Glorioso dos apóstolos.

Vos louva dos profetas
A nobre multidão
E o luminoso exército
Dos vossos santos mártires.
A vós por toda a terra
Proclama a santa Igreja,
Ó Pai onipotente,
De imensa majestade.
E adora juntamente
O vosso Filho único,
Ó Cristo, Rei da glória,
Do Pai eterno Filho,
Nascestes duma Virgem,
A fim de nos salvar.
Sofrendo vós a morte,
Da morte triunfastes,
Abrindo aos que têm fé
Dos céus o reino eterno.
Sentastes à direita
De Deus, do Pai na glória
Nós cremos que de novo
Vireis como juiz.
Portanto, vos pedimos:
Salvai os vossos servos,
Que vós, Senhor, remistes
Com sangue precioso.
Fazei-nos ser contados,
Senhor, vos suplicamos,
Em meio a vossos santos
Na vossa eterna glória.

Imagem em mogno inteiriço, obra do escultor sacro Benedito Eduardo de Carvalho, em 2007, especialmente para o Convento S. Antônio do Rio de Janeiro. Frei Galvão mede 1,30m (com o resplendor) e a Senhora grávida mede 0,90m, feita do mesmo tronco de mogno

Décimo primeiro dia

FREI GALVÃO SE BILOCA PARA FAZER CARIDADE

Frei Galvão foi chamado pelo Papa de "Consolador dos aflitos" e "Amparo dos doentes". E ele o foi de modo tão intenso, que, para socorrer gente necessitada, esteve em dois lugares distantes ao mesmo tempo. A esse fenômeno chama-se bilocação. As Crônicas do Convento de Santo Antônio do Rio de Janeiro guardam a seguinte história contada por Frei Francisco do Monte Alverne, carioca e então jovem Frade desse Convento, que viria a ser o maior orador sacro nascido no Brasil.

Enquanto Frei Galvão se encontrava no Rio de Janeiro, em 1802, em assembleia com os outros Guardiães e com o Governo provincial, uma senhora, moradora de uma fazenda distante algumas léguas de São Paulo, estava morrendo num parto complicado. Ela pediu ao marido ir buscar em São Paulo Frei Galvão. Partiu ele a cavalo à procura do Frade no Convento São Francisco. Lá o informaram que Frei Galvão estava no Rio. Ao voltar à fazenda no dia seguinte, encontrou a esposa com a criança nascida, e em perfeita saúde mãe e filho. E contou ao marido que, durante a noite, a visitara Frei Galvão, de hábito enxuto, apesar da tempestade, a confessara e lhe dera de beber um copo d'água abençoado por ele. E imediatamente ela completou o parto, ficou boa.

O marido, impressionado, retomou o cavalo e viajou ao Rio para agradecer ao Frade. Na portaria, contou ao Guardião o que ocorrera e que viera agradecer a Frei Galvão. O Guardião lhe disse ser impossível, porque Frei Galvão não faltara a nenhuma sessão da assembleia. Diante da insistência do homem, o guardião mandou chamar Frei Galvão: "Padre, este homem aqui vem de São Paulo para lhe agradecer, porque o Sr. teria estado nestes dias em sua fazenda, confessando sua mulher, dando-lhe a bênção e arrancando-a da morte. Como o Sr. explica isso, se o Sr. não saiu deste Convento?". E Frei Galvão respondeu com humildade: "Padre Guardião, como se deu, eu não sei. Mas é verdade que eu lá estive".

Uma outra bilocação passou de boca em boca e desde o dia do acontecido um cruzeiro, depois substituído por uma capela à beira do Tietê, marca o lugar do episódio. Affonso de E. Taunay escreve que o fato é "universalmente divulgado entre os paulistas". O povo o chama de "Milagre de Potunduba". Sigo o relato de Taunay.

Manuel Portes era conhecido como homem que sabia manter a ordem em suas tripulações, que subiam e desciam o Tietê. Homem de absoluta fidelidade nos negócios e nos dinheiros. Um dia, vinha conduzindo as barcaças rio acima, rumo a Porto Feliz. Pararam para passar a noite. Aqui as versões variam. Umas dizem que foi assassinado pelas costas por um de seus remeiros. Outras dizem que se feriu mortalmente com o facão com que roçava o mato para o pouso. O fato é que o facão lhe abriu violenta hemorragia. Ele começou a gritar por socorro, porque não queria morrer sem confissão. E chamava desesperadamente por Frei Galvão que, naquela noite, pregava numa igreja em São Paulo. Teria ele parado o sermão, pedido ao povo que rezasse uma Ave-Maria "pela salvação da alma de um moribundo em lugar longínquo". Pouco depois, Frei Galvão retomou o sermão. Teria sido nesse espaço de tempo que ele foi a Potunduba confessar o infeliz Manuel Pontes.

Seus companheiros "viram um franciscano que se adiantava para o agonizante. Nele reconheceram Frei Galvão, cuja figura lhes era familiar como frequentadores de Itu que todos eram". Continua Taunay: "Afastou com um gesto os espectadores da trágica cena, abaixou-se, sentou-se, pôs a cabeça de Portes sobre o colo e falou-lhe em voz baixa, encostando-lhe depois o ouvido aos lábios. Assim ficou alguns instantes, findos os quais abençoou o expirante. Levantou-

-se, fez um gesto de adeus e afastou-se de modo tão misterioso quanto aparecera, deixando estáticos os presenciadores de tão estranha ocorrência, certos de haverem presenciado um milagre".

Texto escrito por Frei Galvão

"Recomendamos muito à Prelada tenha particular cuidado das enfermas, dando expediente remédio às suas necessidades, consolando-as e animando-as nos trabalhos e dores que padecem, para que se conformem com a divina vontade. Ainda que muito tempo dure a enfermidade, nunca dê a Prelada demonstração alguma de impaciência, porque também a pode causar às enfermas, e afligi-las muito sobre as suas moléstias, e miserável estado. Tenha o cuidado de examinar neste ponto a diligência e caridade da enfermeira, e se for esta remissa ponha logo outra mais cuidadosa, escolhendo para este ministério a mais caritativa, de bom gênio e alegre temperamento.

Destas virtudes e condições segue-se o alívio e boa ordem das mesmas enfermas. Não sendo o referido ainda bastante, deve a Prelada visitar as suas religiosas algumas vezes no dia, e fazer-lhes demonstrações de caridade e amor, exercitando-se a benefício delas, por suas próprias mãos, em alguns serviços, como costumam as mães às suas filhas enfermas. Se o amor natural tem tanta força, maior deve ser o espiritual."[20]

Frei Galvão: homem preciosíssimo

"Aqueles a quem Deus move para praticar com as religiosas do Recolhimento a sua caridade não sabem outro nome e desconhecem todo o caminho que não seja a direção econômica do dito Reverendo Padre. Por ele correm as disposições de fora e de dentro, onde (= por isso) elas choram e lamentam sem consolação a sua falta, dirigindo-nos súplicas que nos movem no íntimo de nossos corações a fazermos esta da sua parte também, além da causa pública, como temos exposto. O que fazemos, interessando-nos igualmente da nossa, certificando a V. Revma. que todos os moradores desta cidade, não poderão suportar um só momento a ausência do dito Religioso, quando concorrer a Capítulo no fim do seu governo.

Este homem, tão necessário às Religiosas da Luz, é preciosíssimo a toda esta cidade e vilas da Capitania de São Paulo. É homem religiosíssimo e de prudente conselho: todos acodem a pedir-lho. É o homem da paz e da caridade: to-

---

[20] Trecho dos Estatutos elaborados por Frei Galvão para as Religiosas do Recolhimento.

dos buscam a sua virtude. E como é uma virtude examinada e provada no longo espaço de muitos anos, cuidam (= pensam) sim, e com razão, estes Povos, que por ele lhes descem as bênçãos do céu e todos a uma voz rogam e pedem que lho não tirem."[21]

Oração a São Frei Galvão

Glorioso Frei Galvão, vossa caridade não tinha limites. Nem as distâncias vos separavam dos que precisavam de vossa ajuda. A medida da vossa caridade era amar sem medida. Sentíeis o forte apelo de São Paulo: "A caridade me impele". E porque tínheis uma caridade tão grande, vos acompanhavam todas as virtudes, que nascem da caridade: a fidelidade aos compromissos, a amizade que a todos abraça, a afabilidade que encanta, a suavidade que quebra a dureza do coração, a sinceridade das palavras e do comportamento, a preocupação em mostrar a todos o caminho da verdade. Glorioso santo, sou vosso devoto. Quero vos imitar. Fazei de mim um eficiente instrumento da caridade. Em nome do Pai e do Filho e do Espírito Santo. Amém.

---

[21] Trecho da carta da Câmara de São Paulo ao Ministro provincial, para que permitisse Frei Galvão renunciar a guardiania do Convento São Francisco, para continuar exclusivamente a serviço do Recolhimento das Irmãs.

Fato curioso

Frei Galvão recebeu o hábito franciscano em Vila de Macacu, RJ, no dia 15 de abril de 1760, das mãos do Guardião Frei José das Neves.

Fez a profissão solene (perpétua) no dia 16 de abril de 1761, sendo transferido de imediato para o Convento de Santo Antônio do Largo da Carioca.

Recebeu as Ordens Menores (acolitado, leitorado, exorcistado, ostiariato) no dia 16 de março de 1762.

Recebeu o subdiaconato no dia 19 de março de 1762.

Recebeu o diaconato no dia 7 de julho de 1762.

Recebeu o sacerdócio no dia 11 de julho, na Igreja de Santo Antônio do Largo da Carioca, das mãos de Dom Antônio do Desterro, beneditino, bispo do Rio de Janeiro. Foi imediatamente transferido para o Convento São Francisco, São Paulo, onde viveu por 60 anos e meio.

Oração rezada por Frei Galvão

(*Esta oração, conhecida desde o ano 1050, Frei Galvão a rezava toda noite, ao terminar o Completório, ou seja, a Oração da Noite.*)

Salve, Rainha, Mãe de misericórdia, vida, doçura e esperança nossa, salve!

A vós bradamos os degredados filhos de Eva!

A vós suspiramos, gemendo e chorando neste vale de lágrimas!

Eia, pois, Advogada nossa, esses vossos olhos misericordiosos a nós volvei!

E depois deste desterro, mostrai-nos Jesus, bendito fruto do vosso ventre!

Ó clemente, ó piedosa, ó doce sempre Virgem Maria!

Rogai por nós, Santa Mãe de Deus!

Para que sejamos dignos das promessas de Cristo! Amém.

Seminário Frei Galvão, no bairro São Bento, Guaratinguetá, SP (perto da Dutra), inaugurado em 1942 e em atividade até hoje

Décimo segundo dia

FREI GALVÃO: SUA CANONIZAÇÃO

Frei Antônio de Santana Galvão morreu aos 82 anos, no dia 23 de dezembro de 1822, uma segunda-feira, em fama de santidade. Tanto as Irmãs do Mosteiro da Luz quanto o povo, em tempo nenhum, deixaram de venerar sua memória e pedir sua intercessão. Depois de longo processo em vista da canonização, o Papa João Paulo II, no dia 8 de abril de 1997, declarou solenemente: "Consta que o Servo de Deus Antônio de Santana Galvão, sacerdote professo da Ordem dos Frades Menores praticou as virtudes teologais da Fé, da Esperança e da Caridade para com Deus e para com o próximo, como também as virtudes cardeais da Prudência, da Justiça, da Temperança, da Fortaleza e as outras anexas, em grau heroico para efeito da canonização".

No dia 6 de abril de 1998, o Santo Padre aceitou o milagre obtido por intercessão de Frei Galvão na pessoa de Daniella Cristina da Silva, contado assim pela Irmã Célia Cadorin, postuladora da causa: "Foi levada para a Unidade de Terapia Intensiva, com quadro clínico instável e sinais de triste prognóstico. O diagnóstico inicial foi: coma por encefalopatia hepática, consequência da hepatite do vírus A, insuficiência hepática grave, insuficiência renal aguda e intoxicação por causa de metoclorpramida. Houve ainda hipertrofia intensa dos membros inferiores e superiores. Sofreu ainda parada cardiorrespiratória. Evoluiu com epistaxe, sangramento gengival, hematúria, ascite, progressivo aumento da circunferência abdominal, bronco pneumonia, parótide bilateral, faringite, além de dois episódios de infecção hospitalar". A família e muita gente pediu sua cura a Frei Galvão, e Frei Galvão a curou.

O Papa marcou a beatificação para o dia 25 de outubro de 1998, que de fato aconteceu na Praça de São Pedro, em Roma. Durante a Missa, o Papa João Paulo II referiu-se ao novo beato nestes termos: "Ele se dedicou com amor e devotamente aos aflitos, aos doentes e aos escravos da sua época no Brasil. Sua fé genuinamente franciscana, evangelicamente vivida e apostolicamente gasta no serviço ao próximo servirá de estímulo para nós".

Depois da beatificação precisava-se de mais um milagre para que Frei Galvão fosse canonizado. Foram apresentados mais de 30 mil. Finalmente o Santo Padre aceitou um deles, acontecido com Sandra Grossi de Almeida e seu filho Enzo. Recorro de novo à Irmã Célia: "A vida de Sandra e do filho corriam risco, porque a mãe tinha útero bicorne: duas cavidades de dimensões muito pequenas e assimétricas. Com isso, o feto não tinha espaço para crescer. A gravidez era considerada de alto risco com possibilidade de morte por hemorragia no momento do parto. A gravidez devia ir até o quinto mês, mas a gestação evoluiu até a 32ª semana e o menino nasceu com quase dois quilos e 42cm, para admiração dos médicos, que consideraram o caso raro". Sandra tomara as "pílulas" e se agarrara ao poder de Deus, pelas mãos milagrosas do Santo.

Para alegria de todos os brasileiros, o Santo Padre marcou a canonização para o dia 11 de maio de 2007, em São Paulo. O Papa Bento XVI já havia programado uma visita ao Brasil por ocasião da V Conferência do Episcopado Latino-Americano e Caribenho a se realizar em Aparecida. Com isso, estando São Paulo perto de Aparecida, mais de uma centena de bispos participou da solene Missa de canonização.

A cerimônia aconteceu no Campo de Marte, em São Paulo, diante de uma multidão e televisionada para todo o Brasil, países vizinhos e vários países da Europa. Depois de pronunciar, em português, a fórmula de canonização, o

Papa Bento XVI acrescentou: "Era conselheiro de fama, pacificador das almas e das famílias, dispensador da caridade, especialmente para com os pobres e os enfermos. Muito procurado para confissões, pois era zeloso, sábio e prudente". O Papa Bento XVI conservou a festa de Frei Galvão no dia 25 de outubro, dia da beatificação.

Texto escrito por Frei Galvão

"A Deus, em quem só devemos esperar. Tenham paciência, filhas, agora é a ocasião de Vossas Caridades terem sofrimento. Tenham ânimo pelo amor de Deus, tenham paciência pelo amor de Deus. Vivam unidas, unidas mais. Guardem a glória de Nosso Senhor, vivendo na sua providência, esperando nele só, filhas. Vivam unidas, vivam unidas!

Já Vossas Caridades têm vivido seis anos, dando a Deus a glória nessa Providência em que vivem. Peço que vão continuando nessa vida para mais sua glória. Sejam fortes, confiem em Deus, que não lhes há de faltar. Faltarei eu, o céu e a terra, nunca o Senhor há de faltar. Todas tenham paciência! Desenganem-se do mundo, que tudo é nada. Não tenham amizades com pessoas de fora, lhes peço isso pelo Sangue de Jesus Cristo. Fujam quanto puderem dos senhores seculares;

enquanto assim o fizerem, terão a Deus por si. Sejam honestas."[22]

Frei Galvão: homem de profunda humildade

"Sem receio de errar, podemos dizer que a mensagem de Frei Galvão não perdeu a atualidade, mesmo depois de mais de duzentos anos. Apesar de não ter sido transmitida por palavras, porque pouco escreveu, cristalizou-se em obras e vida.

Ainda hoje Frei Galvão marca a todos por sua vida. Além de filho de São Francisco de Assis, recebeu da reforma de São Pedro de Alcântara o estímulo para uma grande pobreza e uma profunda humildade. A vida de Frei Galvão foi inteiramente dedicada à glória de Deus pela observância de sua consagração religioso-sacerdotal e, por isso mesmo, totalmente doada aos irmãos, sobretudo os pobres, os doentes, os pecadores, numa palavra, os necessitados."[23]

Oração a São Frei Galvão

Glorioso São Frei Galvão, santo do povo brasileiro, vou transformar em oração o que es-

---

[22] Da Carta manuscrita que Frei Galvão escreveu às Irmãs do Recolhimento, a caminho do desterro para o Rio de Janeiro.
[23] Cardeal Geraldo Majella Agnelo.

creveu há 70 anos, em linguagem pomposa e patriótica, o Frade que por primeiro começou a preparar o longo processo da vossa canonização. Ele dizia que em vós, Frei Galvão, descobrimos o arrojo destemido do bandeirante, o espírito de ação, a vontade pelas empresas audaciosas, a austeridade de um caráter rígido e inteiriço, amoldada ao espírito de suavidade evangélica. Em vós, Frei Galvão, a raça dos gigantes germinou em majestoso desdobramento de todos os seus formidáveis valores e o gênio paulista foi elevado até as alturas da santidade. Em vós, Frei Galvão, o espírito bandeirante entranhou-se nos sertões longínquos e incógnitos da espiritualidade cristã, escalou as montanhas gigantescas e impérvias da perfeição, saiu à descoberta com ingentes trabalhos e árduas fadigas das esmeraldas e das pérolas, de que falam as páginas sagradas. E eu continuo, já em linguagem de hoje, que vós, apesar de vossa grandeza, fostes sempre um franciscano simples e bom. O povo vos procurava e queria bem por causa da vossa bondade e da vossa simplicidade. Não só o povo, também Deus pôs sobre vós os olhos como um dia olhou para a humildade de sua serva, a Virgem Maria, e nela fez coisas maravilhosas. Sim, Santo Frei Galvão, grandes coisas fez por vós o Onipotente e vós, em nome do Senhor, grandes coisas fizestes em benefício do povo. Por isso, repito hoje as palavras da Virgem no Magnificat: todas as gerações vos chamarão de bendito e convosco damos toda glória ao Pai e ao Filho e ao Espírito Santo. Amém.

Fato curioso

Alguns santos e beatos quase contemporâneos de Frei Galvão

Beata Flórida Cevoli (1685-1767), italiana, clarissa, educada por Santa Verônica de Giuliani († 1727). Festa 12 de junho.

Beato Inácio de Santhiá (1686-1770), italiano, capuchinho, confessor e conselheiro. Festa 22 de setembro.

São Paulo da Cruz (1694-1775), italiano, fundador dos Passionistas. Festa 19 de outubro.

Santo Afonso Maria de Ligório (1696-1787), napolitano, fundador dos Redentoristas. Festa 1º de agosto.

São João Batista Rossi (1698-1764), sacerdote do clero de Roma, famoso visitador de doentes e confessor. Festa 23 de maio.

Santo Inácio de Láconi (1701-1781), italiano, capuchinho. Festa 11 de maio.

Beato Félix Amoroso (1715-1787), italiano, irmão leigo capuchinho. Festa 10 de maio.

São João Maria Vianney, o Santo Cura d'Ars (1786-1859), francês, pároco, padroeiro dos sacerdotes. Festa 4 de agosto.

Santa Emília de Vialar (1797-1856), francesa, fundadora de congregação missionária. Festa 24 de agosto.

Santos André Kim e 92 Companheiros mártires da Coreia (martirizados entre 1838-1840). Festa 20 de setembro.

Oração rezada por Frei Galvão

(*Segunda parte do* Te Deum *que, no tempo de Frei Galvão, se rezava junto com a primeira.*)

Salvai o vosso povo.
Senhor, abençoai-o.
Regei-nos e guardai-nos
Até a vida eterna.
Senhor, em cada dia,
Fiéis, vos bendizemos,
Louvamos vosso nome
Agora e pelos séculos.
Dignai-vos neste dia,
Guardar-nos do pecado.
De nós, que a vós clamamos.
Senhor, tende piedade.
Que desça sobre nós,
Senhor, a vossa graça,

Porque em vós pusemos
A nossa confiança.
Fazei que eu, para sempre,
Não seja envergonhado:
Em vós, Senhor, confio,
Sois vós minha esperança. Amém.

25 de outubro de 1998: Frei Clarêncio Neotti, em nome do Brasil, leva ao Papa João Paulo II, na Praça de São Pedro, uma Relíquia de Frei Galvão dentro de um relicário, que era um geodo brasileiro, de ametista extra-extra, de 12 quilos, com suporte de mogno brasileiro e um pequeno ostensório de filigrana de ouro preso à pedra, dentro do qual estava um pedacinho de osso de Frei Galvão

Décimo terceiro dia

FREI GALVÃO
E NOSSA SENHORA DAS BROTAS

Frei Galvão está estreitamente ligado ao povo do vale do Rio Piraí, no Estado do Paraná. Em 1808, Frei Galvão, já com 70 anos, fora nomeado Visitador provincial dos Conventos Franciscanos do Sul. Saindo de São Paulo, passou por Sorocaba e, continuando pela estrada dos tropeiros e boiadeiros, alcançou as margens do Piraí. Lá, encontrando algumas famílias, fez o que sempre fazia em suas viagens a pé. Estacionou para pregar. Domiciliou-se em casa de Dona Ana Rosa Maria da Conceição e por alguns dias atendeu o povo.

Na despedida, deixou com Dona Ana Rosa uma estampa de Nossa Senhora, animando-a a confiar na Mãe Imaculada, intercessora e capaz de todos os milagres. Chegou a dizer-lhe que a estampa era milagrosa. A mulher colou a estampa numa cartolina, escreveu embaixo: "Lembrança do Frei Galvão" e a pôs numa moldura de madeira, provavelmente a moldura de um velho espelho quebrado. E foi diante dela que Dona Ana Rosa passou a fazer suas orações.

A estampa doada por Frei Galvão é de uma singeleza absoluta. Mede 10 x 16 cm. No braço direito, Maria segura o Menino. A mão esquerda pousa leve e maternalmente no peito de Jesus. O Menino encosta a face no rosto da Mãe. Os pés de Maria pousam sobre nuvens sustentadas por três anjos. Além da auréola, doze estrelas, que lembram os privilégios de Maria, rodeiam a figura. Nas duas margens laterais vemos casas pobres e vasos de flores. Hoje sabe-se que é cópia da popularmente chamada em Portugal "Nossa Senhora das Barracas". E o nome vem do fato de estar a gravura encimada pelos dizeres latinos: *Sicut Tabernacula Cedar*, ou seja, "Como as tendas (barracas) de Cedar". A frase é tirada dos Cânticos, do começo da Canção da Amada: "Sou morena, porém graciosa como as tendas de Cedar, como os pavilhões de Salomão". Os cedarenos eram nômades e costumavam viver em barracas simples. A frase ligada a Maria recorda a origem pobre e a insegurança de sua vida. Mas, de imediato, se recorda a riqueza de Salomão. Maria se torna a mulher mais rica, a cheia de graça, por causa do Menino que carrega no braço.

Viúva, Dona Ana Rosa contraiu novas núpcias e mudou de casa. Na mudança, perdeu o quadro. Tempos depois, passando por uma região que sofrera grande incêndio, surpreendentemente encontrou o quadro entre as cinzas e os brotos novos da vegetação: a moldura queimada, mas a imagem intacta. A mulher compreendeu que acontecera alguma coisa de extraordinário. Compreendeu que a estampa dada por Frei Galvão e por ele chamada de "milagrosa" devia sair do âmbito familiar para a devoção pública. O milagre se espalhou. Os tropeiros contaram o fato com admiração. A partir de então os boiadeiros calculavam o tempo em suas viagens para pernoitarem, eles e seu gado, nas redondezas da capela, que a Virgem recebeu da devoção do povo.

O povo não se lembrou da Nossa Senhora das Barracas e rebatizou a estampa com o nome de Nossa Senhora das Brotas, para recordar que fora re-encontrada intacta entre cinzas e rebentos. Mas não sabiam que no Alentejo, em Portugal, desde o século XVI, se venerava uma Virgem sob o título de Nossa Senhora das Brotas, invocada sobretudo pelos guardadores de animais.

Tive o privilégio de concelebrar a Missa solene de inauguração do novo Santuário de Nossa Senhora das Brotas em Piraí do Sul, em dezembro de 1987. Como o quadro de Frei Galvão fora re-encontrado no dia 26 de dezembro, criou-se o costume de celebrar-lhe a festa no primeiro domingo depois do Natal. Uma longa procissão de mais de cinco mil devotos sai a pé da igreja paroquial do Menino Deus e caminha cantando e rezando os três quilômetros até o Santuário, situa-

do romântica e devotamente em meio ao verde
de um bosque e à sombra de grandes pinheiros.

Texto de Frei Galvão

(*Na verdade este texto não foi escrito por
Frei Galvão, mas pelas primeiras Irmãs do Mosteiro. Simplifiquei um pouco o texto, para torná-lo compreensível na linguagem de hoje.*)

"O Sr. Padre recomenda-nos muito a oração
do coro e os atos da comunidade. Tem-nos dito
que, se o coro entrar em decadência e se terminar, então tudo está perdido e acabado, porque
é do coro que nos vem toda a ajuda: não temos
rendas, não temos nada, tudo nos vem do coro,
porque só Deus é que nos dá tudo. Disse-nos que,
se nós deixarmos Deus, também Deus fugirá de
nós. Que nunca deixemos os atos comunitários
por causa de serviços, com exceção das que estão dispensadas exatamente pelos ofícios que
têm, como cozinheira, enfermeira. E que nunca
se saia dos atos comunitários sem ser por necessidade do corpo ou por enfermidade.

Recomenda-nos muito a santa humildade, a
caridade umas com as outras, a paz e a união.
Recomenda-nos também o sofrimento. Disse
que, se uma sofrer tudo aquilo que acha que está
sofrendo por causa das outras, fica santa, porque

o sofrimento é virtude que aproxima muito a alma de Nosso Senhor. Diz e aconselha que, por mais que sintamos as coisas que nos façam, nunca nos queixemos, que suportemos por Nosso Senhor e soframos sem queixas e sem desculpas, e que amemos muito o desprezo e a humilhação. Recomenda-nos a santa humildade, a obediência, a caridade, a mansidão, a paz e a união entre as Irmãs, sofrendo e calando com mansidão, sem queixas e em silêncio."

Frei Galvão: alicerçado no amor

"Frei Galvão é, sem dúvida, uma figura extraordinária do seu tempo, muito estimado pela sua vasta cultura e pelas virtudes exímias, que lhe mereceram, já entre os seus contemporâneos, a fama de santidade.

Dos vários aspectos da rica espiritualidade desse franciscano sobressai, especialmente, o cristocentrismo. O intenso amor a Jesus Cristo é a pedra angular do seu edifício espiritual, da sua excelsa santidade. Ele é antes de tudo e acima de tudo um verdadeiro enamorado de Cristo.

O amor constitui o alicerce da vida de Frei Galvão, que bem cedo compreendeu as palavras de São João: 'Deus é amor e quem vive no amor está unido a Deus' (*1Jo* 4,16); e procurou vivê-las em profundidade na sua vida quotidiana. Já desde os anos da sua juventude, mas sobretudo depois do ingresso na vida religiosa, o seu coração foi devorado pelo fogo do amor divino."[24]

Oração a São Frei Galvão

Glorioso São Frei Galvão, mestre de espiritualidade e zeloso das coisas de Deus, dai-me a virtude da piedade, que me leva a amar a Deus sobre todas as coisas e a vê-lo presente em todas as circunstâncias da minha vida. Que eu nunca me afaste de Deus para que ele permaneça sempre comigo. Que eu não veja nas dificuldades e nos sofrimentos a ausência de Deus, mas uma ocasião de mais me aproximar dele. Que nas horas difíceis eu faça como vós: olhe para o Cristo crucificado e nele encontre força e coragem, consolo e confiança. Quantas e quantas vezes dissestes às Irmãs do Mosteiro: "Confiem em Deus, confiem em Deus!" Ajudai-me a confiar na Providência Divina, de onde me pode vir todo o socorro. Em nome do Pai e do Filho e do Espírito Santo. Amém.

Fato curioso

(*No Arquivo da Província Franciscana da Imaculada Conceição, à qual pertencia Frei*

---

[24] Cardeal Saraiva Martins.

Galvão, há um livro chamado "Registro dos Religiosos Brasileiros, começado em 1802, onde encontramos um grande elogio a Frei Galvão. Depois de dar a ficha biográfica, acrescenta.)

"Tudo quanto se pode dizer de Frei Galvão está lançado nesta folha com toda a individuação. O que se pode acrescentar é que em nada tem diminuído os créditos, devidos a sua virtude; antes, cada vez mais tem merecido a admiração e o respeito dos povos que olham para ele como um varão apostólico ornado de todas as virtudes, e o conceito que dele formam é sem dúvida de um santo.

O seu nome é, em São Paulo mais que em outro lugar qualquer, ouvido com grande confiança, e não uma só vez de lugares remotos, muitas pessoas o vinham procurar nas suas necessidades. Assim se conservou até os últimos anos de sua vida, em que foi atacado de gravíssimas enfermidades, pelas quais deu as últimas provas de sua conformidade, principalmente nos últimos anos, em cujo estado assim mesmo serviu de sustentáculo à boa ordem daquele Convento, do qual foi o seu fundador.

Aos 23 de dezembro faleceu no mesmo Convento da Luz, onde se achava por consentimento dos Prelados em tratamento da sua saúde, tendo uma morte como se esperava de uma vida tão justa."

Oração rezada por Frei Galvão

(Esta oração, chamada em latim Alma Redemptoris Mater, *Frei Galvão a rezava, depois da Oração da Noite, no tempo do Advento e do Natal, em latim. Ela é anterior ao século XII.)*

Ó Mãe do Redentor, do céu, ó porta, ao povo que caiu, socorre e exorta, pois busca levantar-se, Virgem pura, nascendo o Criador da criatura: tem piedade de nós e ouve, suave, o anjo te saudando com seu Ave!

Frei Galvão deu esta gravura de Nossa Senhora das Barracas a Dona Rosa, quando passou por Piraí do Sul, PR (1808), dizendo-lhe que era milagrosa. O povo rebatizou a estampa com o nome de Nossa Senhora das Brotas e a fez padroeira, naquele tempo, dos boiadeiros e condutores de tropas

Décimo quarto dia

FREI GALVÃO: HOMEM DE DEUS

Era o ano de 1948. Eu tinha 13 anos quando entrei para o Seminário Franciscano Frei Galvão, em Guaratinguetá, para começar o ginásio. O Padre responsável pelos seminaristas distribuiu a cada um dos novatos cartões postais com a fotografia do Seminário, em cujo canto esquerdo, no alto, estava a foto oval de Frei Galvão. Disse-nos para mandar a nossos pais, para que eles fizessem uma ideia da casa e do ambiente em que nos encontrávamos.

Numa das primeiras conferências espirituais de sábado à noite, o Padre nos falou de Frei Galvão, contou-nos que o seminário fora construído em Guaratinguetá em homenagem a Frei Galvão, porque era a terra dele. Explicou o que era um santo canonizado e um santo não canonizado. E Frei Galvão era ainda um santo não canonizado. Entendi pouco, naquela noite, da diferença. Mas lembro que escrevi para a minha mãe: "Mamãe, moro na terra de um santo diferente daqueles que estão nos altares aí em Ribeirão Grande. É um santo que não se pode ainda pôr no altar".

Sua figura, a história de seus trabalhos, o exemplo de sua santidade, o relato de seus milagres me acompanharam ao longo da vida. Emocionado, assisti em Roma a beatificação de Frei Galvão. O Santo Padre João Paulo II o pôs solenemente no altar. Tive o privilégio de levar naquela solenidade a Relíquia de Frei Galvão ao Santo Padre, no momento em que ele reconhecia que Frei Galvão fora um homem de virtudes heroicas, das mesmas virtudes praticadas por tantos santos, das mesmas virtudes propostas aos cristãos de hoje como estrada de santidade.

São Frei Galvão não é dos santos que nos amedrontam com seus cilícios e suas penitências. É um santo muito humano, que compreendeu e viveu profundamente a penitência ensinada por São Francisco: *ter o coração sempre voltado para o Senhor*. O que significa: viver em cada momento a presença de Deus, não importando o trabalho que se esteja fazendo. Ele se santificou na portaria do Convento; santificou-se no confessionário; santificou-se com a trolha de pedreiro na mão, construindo o Mosteiro da Luz, em São Paulo; santificou-se visitando os presos; santificou-se como Guardião do Convento São Francisco, num tempo em que a legislação civil restringia muito a atividade religiosa e sacerdotal; santificou-se nas missões populares; santificou-se caminhando a pé longas distâncias para pacificar famílias, administrar o batismo e santificar matrimônios. Ele, bênção de Deus encarnada, santificou-se, abençoando o povo numeroso que o procurava de perto e de longe, exatamente porque viam nele um "homem de Deus".

E porque era um homem de Deus, era um homem de fé, que confiava inteiramente na Providência Divina e ligava todos os fatos e atos a Deus. A serviço da fé colocou sua linda inteligência, reconhecida desde os tempos de estudante, manifestada nas pregações e aplaudida pelos intelectuais, quando o elegeram membro da Academia dos Felizes e para a qual escreveu as peças poéticas em louvor à Senhora Sant'Ana. Porque era um homem de Deus, desde a juventude e por voto, escolheu a Mãe de Deus como sua senhora e guia, sua protetora e mãe.

Porque era um homem de Deus, era um religioso devotado à caridade, seja para com os pobres, que o cercavam na rua, seja para com os pecadores que vinham procurá-lo, ou com aqueles que ele buscava nas casas. Sua caridade chegava às prisões e se multiplicava no atendimento às Irmãs no Mosteiro. Sua caridade carregava-se de compaixão quando via mães com dificuldades de darem à luz seus filhos, num tempo de precária medicina e poucos recursos sanitários. Defensor da vida nascente, Frei Galvão tem muito a fazer nesta fase da história humana, em que o aborto consegue descriminalizar-se e a dignidade da vida humana é continuamente ferida.

Texto de Frei Galvão

(Na verdade este texto não foi escrito por Frei Galvão, mas pelas primeiras Irmãs do Mosteiro. Simplifiquei um pouco o texto, para torná--lo compreensível na linguagem de hoje.)

"O Sr. Padre recomenda-nos que, se tiver alguma coisa contra alguém, se façam atos de amor a Deus e ao próximo, e que se peçam a Nosso Senhor benefícios àquela criatura do mesmo jeito como gostaríamos de ser beneficiadas, ou até mesmo mais do que gostaríamos para nós. E que nunca se julgue criatura alguma, porque o julgar é reservado só para Deus. E que, se alguma coisa não parecer boa, não a façamos. Ainda que se vejam as maiores coisas erradas, digamos: Deus é que sabe. Esta é uma virtude muito recomendada pelo Senhor Padre: que nunca, nunca julguemos ninguém.

Ele nos tem dito que para poder chegar à perfeição, a criatura deve negar sua vontade própria, mesmo nas coisas lícitas. Quando alguém quer uma coisa, por isso mesmo não a há de fazer. Diz que devemos reprimir a vontade própria e até negá-la. Que tenhamos paciência, quando as coisas não são feitas como desejamos e queremos. Diz-nos que São Francisco, para chegar a ser santo, venceu em tudo e em tudo negou sua vontade. Diz-nos que Nosso Senhor disse a São Francisco que se negasse a si mesmo, pegasse sua cruz e o seguisse, e ele assim fez e por isso foi o santo que foi. Diz-nos que, sem a abnegação da própria vontade, não se pode chegar à perfeição."

Frei Galvão: patrono da opção pelos pobres

"Lembro-me bem dos tempos do Seminário Franciscano de São Luís de Tolosa de Rio Negro, Paraná, onde, em todas as nossas orações, os superiores costumavam incluir alguma prece em favor da beatificação de Frei Antônio de Santana Galvão, o franciscano paulista que agora chega à canonização, em auspicioso e inédito acontecimento presidido entre nós pelo próprio Santo Padre, o Papa Bento XVI.

A Divina Providência nos cumulou de carinho e bondade, concedendo a Frei Galvão sua parte heroica nos sofrimentos e nas alegrias do mistério pascal; levando sua obra principal, as Religiosas Concepcionistas, a superar as crises mais diversas, com a assistência dos padres franciscanos e diocesanos; convidando os fiéis a perseverarem, espontânea e ininterruptamente, em sua devoção a Frei Galvão, invocando-o como intercessor sobretudo em favor da vida nascente.

O Deus de infinita bondade nos deu um santo, um herói paulista que santificou o solo paulistano, nele imprimindo suas marcas vigorosas de zeloso, obediente – suave e forte – orientador, vivendo na pobreza e para a pobreza. A opção preferencial pelos pobres tem novo Patrono nos céus."[25]

Oração a São Frei Galvão

Glorioso São Frei Galvão, quero pedir hoje vossa bênção para o Brasil. Tendes a honra de ser o primeiro brasileiro a ser declarado Santo pela Igreja. De vós esperamos proteção e ajuda. Abençoai nosso povo, sobretudo o mais pobre e marginalizado da sociedade. Abençoai nossos bispos e padres para que sejam apóstolos do Evangelho, discípulos de Jesus Cristo, luz e sal da terra brasileira. Abençoai as pessoas consagradas para que sejam sinais da presença de Deus. Abençoai nossas famílias para que nossos lares sejam a casa de Deus Pai, Filho e Espírito Santo. Amém.

Fato Curioso

(*Ao escrever a cédula de consagração perpétua como filho e escravo de Nossa Senhora da Conceição, Frei Galvão menciona 16 santos, que ele chama de "meus intercessores". Menciona-os explicitamente para que lhe sejam testemunhas do ato solene. Menciona, por último, sua Mãe Isabel*

---

[25] Cardeal Dom Paulo Evaristo Arns.

e seus irmãos falecidos, num belíssimo gesto de fé na comunhão dos santos, ou seja, na unidade que existe entre os vivos na terra, os mortos e os que estão já na glória de Deus. Quem são esses santos? Os três primeiros são anjos:)

Arcanjo São Gabriel: foi o mensageiro de Deus para anunciar à Virgem Imaculada que ela seria a Mãe do Filho de Deus. É dele a saudação: "Ave, cheia de graça! O Senhor está contigo!" No tempo de Frei Galvão, a festa do Arcanjo Gabriel era celebrada no dia 24 de março, véspera da Anunciação. Hoje se celebra no dia 29 de setembro, junto com os arcanjos Miguel e Rafael.

Anjo da Guarda: tanto o Antigo quanto o Novo Testamento ensinaram que cada pessoa, ao ser concebida, recebe de Deus um anjo para acompanhá-la vida afora. A Igreja tem até uma festa dedicada a eles: o dia 2 de outubro.

Todos os Coros angélicos: costuma-se enumerar nove coros, cada coro com sua missão: anjos, arcanjos, tronos, dominações, principados, potestades, virtudes, querubins e serafins. Os últimos dois coros são os que estão mais perto de Deus. Os primeiros dois coros são os mensageiros de Deus. A palavra *anjo*, significa mensageiro.

Santa Ana e São Joaquim: são os pais de Maria. No tempo de Frei Galvão, São Joaquim era celebrado no dia 16 de agosto e Santa Ana no dia 26 de julho. Hoje a liturgia celebra o casal no dia 26 de julho.

São Francisco de Assis: o fundador da Ordem, canonizado dois anos após a morte, em 1228. Festa dia 4 de outubro.

Santa Águeda: jovem mártir da Sicília. Festa 5 de fevereiro. É invocada contra as tentações da luxúria.

Santo Antônio: era o padroeiro da cidade de Guaratinguetá. Era o nome de seu pai. Era seu nome. Na Igreja de Santo Antônio do Largo da Carioca foi ordenado padre por um bispo chamado Dom Antônio. Festa 13 de junho.

Oração rezada por Frei Galvão

(Esta oração de Santo Agostinho, era comum ser recitada em latim após a celebração da Santa Missa.)

Que louvores pode tributar-te a fragilidade do gênero humano, fragilidade que só tu encontraste modo de robustecer? Recebe, portanto, os louvores de todas as pessoas, de todos os que te agradecem, ainda que indignos de Ti. E ao receber nosso aplauso, releva nossa culpa. Aceita nossa prece. Dá-nos o remédio da reconciliação. Não recuses o que Te trazemos. Concede-nos o que confiantemente Te pedimos. Recebe o que Te oferecemos. Perdoa nosso medo, porque Tu és a única esperança dos pecadores. Por Ti esperamos o perdão dos pecados e em Ti, Santíssima, está a esperança do nosso prêmio. Santa Maria, socorre os pecadores, ajuda os fracos, consola os aflitos, reza pelo povo, intervém em favor do clero, intercede pelas mulheres, todos os que celebram a tua festa sintam a tua proteção. Amém.

Placa colocada em 1939 no frontispício da Convento Nossa Senhora das Graças em Guaratinguetá, por ocasião do bicentenário de nascimento de Frei Galvão. Observe-se a frase: "O Santo é o melhor presente de Deus ao mundo"

Décimo quinto dia

FREI GALVÃO: FUNDADOR DO MOSTEIRO DA LUZ

A vida de Frei Galvão estará para sempre unida ao Mosteiro da Luz, que ele fundou em 2 de fevereiro de 1774, festa de Nossa Senhora da Luz, e lhe deu o nome de "Recolhimento de Nossa Senhora da Conceição da Divina Providência". Não podia chamar nem mosteiro nem convento, porque a lei não permitia essas fundações. Chamou de Recolhimento, ou seja, um lugar em que se recolhiam jovens e senhoras para oração e prática da caridade.

Tanto o bispo de São Paulo daquele tempo, Dom Frei Manuel da Ressurreição, franciscano, quanto Frei Galvão quiseram que as senhoras "recolhidas" tivessem como norma de vida a Regra das monjas concepcionistas, uma Ordem fundada por Santa Beatriz da Silva em 1584, em Toledo, na Espanha, com a finalidade específica de celebrar a Imaculada Conceição de Maria e divulgar a devoção entre o povo.

Compreende-se muito bem que Frei Galvão, devotíssimo da Imaculada Conceição de Maria, tenha escolhido como Regra de vida para as Irmãs do Recolhimento uma regra toda embebida de amor à Virgem puríssima. De fato, Santa Beatriz e as Concepcionistas estão ligadas à Imaculada Conceição de Maria como a água está ligada ao mar. O decreto de aprovação das novas Constituições (1993) afirma: "Santa Beatriz da Silva deu origem em Toledo a uma nova família religiosa, que encontra sua raiz e sua razão de ser na Igreja, na contemplação do mistério da Imaculada Conceição da Bem-Aventurada Virgem Maria e no empenho por imitar e reproduzir suas virtudes".

Era justamente o que queria Frei Galvão de suas Irmãs: no silêncio do claustro, as Irmãs pudessem contemplar e servir o Senhor, como Maria de Nazaré, a mulher que "ouve a palavra de Deus e a põe em prática" (Lc 8,21), e isso em intensa vida fraterna, sem nada de próprio, em mente e coração castos. As Irmãs do tempo da fundação deixaram por escrito uma série de recomendações de Frei Galvão, onde acentua muito o silêncio como ambiente de vida contemplativa e também como instrumento de evitar murmurações, azedumes e fuxicos. As novas Constituições (1993) dizem: "A fim de alcançar a união com Deus e permanecer em constante diálogo com ele, meta suprema de toda a vocação humana, as Irmãs Concepcionistas procuram buscar só a Deus em solidão e silêncio, em assídua oração e generosa penitência" (Art. 69,2).

A palavra "penitência" apavora muita gente. Vale a pena ler o que dizem as Constituições das Concepcionistas: "Contemplar dia e noite os mistérios de Deus e de sua Mãe, crescer sem cessar nas santas virtudes, afastar-se de todo o mal e pecado, fazer sempre o bem: nisto consiste a verdadeira penitência da Irmã concepcionista" (Art. 88).

As filhas de Santa Beatriz cultivam a espiritualidade franciscana, que é essencialmente mariana. A contemplação do mistério de Maria é parte integrante da espiritualidade franciscana. São Francisco foi um apaixonado pelo mistério da encarnação do Senhor, razão de ser de todos os privilégios de Maria, porque tudo em Maria esteve e está em função de sua maternidade divina.

Frei Galvão fundou um segundo Recolhimento, em Sorocaba, em 1811. Hoje, o Recolhimento chama-se Mosteiro da Imaculada Conceição e Santa Clara. Fica à Rua Maria Domingas Milego, 75 – 18050-100 – Sorocaba, SP. Dou também o endereço do Mosteiro da Luz: Av. Tiradentes, 676, Luz, – 01102-000 – São Paulo, SP. E ainda o endereço do Mosteiro da Imaculada Conceição, Rodovia Presidente Dutra, km 234, bairro Santa Beatriz da Silva, 12501-970- Guaratinguetá, SP, um mosteiro fundado na terra natal de Frei Galvão, bem perto do Seminário

Franciscano Frei Galvão. Por fim, o endereço do Mosteiro de Nossa Senhora da Conceição da Ajuda, Rua Barão de São Francisco, 385, Vila Isabel, – 20541-370 – Rio de Janeiro, RJ.

Texto de Frei Galvão

(Na verdade este texto não foi escrito por Frei Galvão, mas pelas primeiras Irmãs do Mosteiro. Simplifiquei um pouco o texto, para torná--lo compreensível na linguagem de hoje.)

"O Sr. Padre recomenda-nos muito a virtude do silêncio. Nunca se cansa de nos pregar esta virtude, porque, diz, pela boca se peca muito e o silêncio é a virtude principal da vida religiosa. Diz-nos que é muito difícil falar sem errar e que pela língua é que mais se peca. Diz-nos que muitas vezes só com uma palavra se pode cometer uma culpa grave. E que por causa de uma palavra podem entrar a murmuração e coisas que desagradam a Deus. Por isso nos recomenda muito o silêncio, porque quanto mais silêncio cada uma fizer, em menos perigo de pecar andará, mais sossego e recolhimento em sua alma há de sentir e mais concentrada na oração se achará.

Recomenda-nos muito a virtude da obediência, sempre nos dizendo que ninguém erra por obedecer. Diz-nos que, ainda quando os prelados e os confessores erram no que mandam, a gente sempre acerta em obedecer e caminhará segura.

Aconselha-nos também que tudo aquilo que pedirem por amor de Deus, nunca se deixe de atender, sendo coisa lícita. Mas não quer se faça voto de atender. Recomenda muito esta virtude, contando o exemplo de São Francisco e de São Martinho."

Frei Galvão: o santo da fidelidade

"Frei Galvão viveu o sacerdócio e sua vocação franciscana com exímia fidelidade e dedicação. Entre os aspectos de sua vida espiritual, chamam a atenção seu amor e sua entrega total a Nossa Senhora da Imaculada Conceição.

Frei Galvão é modelo de evangelizador e de discípulo do divino Mestre. Ele nos incentiva a retomar com vigor e unção o anúncio querigmático do Evangelho. Ele nos diz também que a santidade é vocação de todos. Todos somos chamados à santidade. E o Brasil precisa hoje, como nunca, de santos."[26]

Oração a São Frei Galvão

Glorioso São Frei Galvão, Deus vos deu o dom de curar enfermidades. Mas vos deu também

---

[26] Cardeal Cláudio Hummes, texto de 1998, quando era Arcebispo de São Paulo.

bastante sofrimento. E nisso sois muito parecido a Jesus de Nazaré, que passou pelo mundo fazendo o bem, mas conheceu a crueza da dor em seu corpo pregado na cruz. Como vosso pai São Francisco, contempláveis diariamente a Paixão do Senhor e sua cruz. Como São Francisco podíeis dizer: "A mim me basta o Cristo crucificado". Ou, como São Paulo, podíeis dizer: "Completo em meu corpo a Paixão de Jesus". Todos que viveram perto de vós sabiam de vosso amor ao Crucifixo, companheiro inseparável em vossas pregações, andanças, trabalhos e penitências. Quantas vezes tereis rezado o verso do *Stabat Mater*: "Que a santa Cruz me proteja/ que eu vença a dura peleja,/ possa do mal triunfar!". Ajudai-me, Frei Galvão, a não ter medo do sofrimento. A não reclamar contra Deus, quando a dor me alcançar. Ajudai-me a compreender que eu devo abraçar com amor e paciência a minha cruz. Abençoai a todos os que me ajudam a suportar meu sofrimento. Abençoai os que sofrem no corpo e no espírito. Estendei sobre nossos doentes a vossa mão consoladora. E que para todos brilhe um dia a manhã da páscoa eterna. Em nome do Pai e do Filho e do Espírito Santo. Amém.

Fato curioso

(*Vejamos os outros intercessores de Frei Galvão:*)

São Pedro de Alcântara: franciscano, homem de grande penitência. Restaurou o rigor da observância da Regra de S. Francisco na Espanha e Portugal. Os franciscanos que implantaram a Ordem no Brasil seguiam São Pedro de Alcântara e por isso eram também chamados alcantarinos. Festa 19 de outubro.

Santa Gertrudes: Soube unir filosofia, literatura e vida contemplativa. Grande mística. Festa 16 de novembro.

São Domingos: Contemporâneo de São Francisco, fundou a Ordem dos Pregadores, (Dominicanos). Famoso missionário popular. Festa 8 de agosto.

São Tiago: Apóstolo, irmão de São João Evangelista. Foi martirizado por Herodes em torno do ano 42. Festa 25 de julho.

São Benedito: siciliano, filho de pais escravos. Irmão leigo franciscano. Homem contemplativo e de grande humildade. Frei Galvão o chama de Santo em novembro de 1766, quando Benedito só foi canonizado em 1807. É grande a veneração a São Benedito no Vale do Paraíba. Festa 5 de outubro. No tempo de Frei Galvão, se celebrava na segunda-feira de Páscoa.

Reis Magos: provavelmente Frei Galvão os escolheu como seus protetores pelo fato de o Evangelho dizer que eles "se prostraram e adoraram" o Menino Deus.

São Jerônimo: Grande penitente. Profundo contemplativo do mistério de Deus. Modelo de pobreza e desapego. Festa 30 de setembro.

Santa Teresa: Penitente, mística, contemplativa, grande sofredora, reformadora da vida religiosa carmelitana. Festa 15 de outubro.

São Francisco Borja: Bisneto de papa, bisneto de rei, primo do imperador Carlos V, vice-rei da Catalunha, casado, pai de oito filhos, viúvo, fez-se jesuíta e chegou a ser geral da Ordem. Homem público de profunda oração e espiritualidade. Aplaudido pregador, admirado por sua humildade e bom senso. Festa 10 de outubro.

Oração rezada por Frei Galvão

(Este hino era rezado nas horas primeira, terceira, sexta e nona do Ofício Parvo da Imaculada Conceição. Tanto Frei Galvão quanto as Irmãs do Recolhimento o recitavam em latim.)

Ó Tu, que o mundo fizeste,
Olha que, quando nasceste,
No ventre da Virgem pura
Tomaste a humana figura.
    Cheia de graça, Mãe pia,
    Defende-nos do inimigo,
    E, na última agonia,
    Achemos em ti abrigo.

Jesus seja engrandecido,
Da Virgem pura nascido,
E o eterno Pai também,
Com o Espírito Santo. Amém.

Este mosteiro foi desenhado e construído por Frei Galvão, razão pela qual é hoje padroeiro da Construção Civil. Na capela do mosteiro repousam os restos mortais do nosso Santo, falecido no dia 23 de dezembro de 1822

APÊNDICE

Ladainha de São Frei Galvão

Senhor, tende piedade de nós.
Cristo, tende piedade de nós.
Senhor, tende piedade de nós.
Deus, Pai do Céu, tende piedade de nós.
Deus Filho, Redentor do mundo,
Deus Espírito Santo,
Santíssima Trindade, que sois um só Deus,
Santa Maria, Mãe de Deus, rogai por nós.
São Frei Antônio Galvão
Homem faminto de Deus
Devoto da Providência Divina
Zeloso adorador da Eucaristia
Espelho de Jesus Crucificado
Modelo de vida sacerdotal
Observante da vida consagrada
Filho dileto de São Francisco
Filho e escravo da Mãe Imaculada
Modelo de vida penitente
Rocha firme da fé

Mestre e dispensador da caridade
Esperança e consolo dos aflitos
Pai dos pobres e desvalidos
Amparo dos doentes
Segurança dos fracos e angustiados
Doçura de Deus para o povo sofrido
Operário da vinha do Senhor
Apóstolo da paz e do bem
Proclamador incansável do Evangelho
Incentivador do silêncio e da humildade
Prudente conselheiro espiritual
Fundador de mosteiro contemplativo
Defensor da vida nascente
Pacificador das famílias
Modelo de vida fraterna
Exemplo de vida reconciliada
Revolucionário pela santidade
Santo da fidelidade e da mansidão
Amado Protetor do Brasil
Cordeiro de Deus, que tirais os pecados do mundo,
Perdoai-nos, Senhor.
Cordeiro de Deus, que tirais os pecados do mundo,
Ouvi-nos, Senhor.
Cordeiro de Deus, que tirais os pecados do mundo,
Dai-nos a paz!
Rogai por nós, glorioso São Frei Galvão,

Para que sejamos dignos das promessas de Cristo.

Oremos: Deus, Pai de misericórdia, que fizestes de São Frei Galvão um instrumento de caridade e de paz, concedei-nos, por sua intercessão, favorecer sempre a verdadeira concórdia. Por Cristo, Nosso Senhor. Amém.

Bênção solene para as Missas e Novenas de São Frei Galvão

Presidente: Deus, Pai de misericórdia, que enriquecestes o santo Frei Galvão com as virtudes da caridade e do acolhimento, concedei-nos, por sua intercessão, a alegria do amor fraterno!
Todos: Amém!
Pres.: Deus, nosso Pai, que fizestes de São Frei Galvão um grande defensor da Imaculada Conceição da Virgem Maria, concedei-nos, por sua intercessão, uma terníssima devoção para com a Mãe de Jesus e nossa Mãe!
T.: Amém!
Pres.: Deus, criador de todas as coisas visíveis e invisíveis, que destes a São Frei Galvão a força de curar doenças e proteger a vida nascente, concedei-nos, por sua intercessão, grande respeito e veneração pela vida em todas as suas etapas!
T.: Amém!
Pres.: Deus, que tudo governais e tudo dispondes em vossa Providência, infundistes em São Frei Galvão uma imensa confiança em vós em todas as circunstâncias da vida, por sua intercessão, concedei-nos um coração manso, terno, humilde e confiante!

T.: Amém!
Pres.: Abençoe-vos Deus todo-poderoso: †
Em nome do Pai e do Filho e do Espírito Santo!
T.: Amém!

Oração final a São Frei Galvão

(*Para encerrar, cada dia, a novena*)

Pela intercessão de São Frei Galvão, defensor da vida e da paz, livre-me o Senhor Deus de todos os males do corpo e da alma e me conceda a paz e a felicidade nesta vida e a glória na eternidade. Em nome do Pai e do Filho e do Espírito Santo. Amém.

ÍNDICE

Uma palavra de introdução 3

1. Família, estudos e vocação religiosa 5
2. Confiante na Providência Divina 13
3. Grande devoto da Imaculada 21
4. Maria: devoção assumida por voto 29
5. Especial devoção à Senhora Santana 37
6. O Santo da Eucaristia 45
7. Caridade sem limites 53
8. Frei Galvão: confessor e conselheiro 61
9. Murmuração, Caridade e Silêncio 69
10. Frei Galvão e as pílulas milagrosas 78
11. Frei Galvão se biloca para fazer caridade 87
12. Frei Galvão: sua canonização 95
13. Frei Galvão e Nossa Senhora das Brotas 104
14. Frei Galvão: homem de Deus 112
15. Frei Galvão: fundador do Mosteiro da Luz ... 121

Apêndice 130
Ladainha de São Frei Galvão 130
Bênção solene de São Frei Galvão 133
Oração final a São Frei Galvão 134

Frei CLARÊNCIO NEOTTI, ofm

Nasceu em 29 de dezembro de 1934, em Salete do Ribeirão Grande, SC; sétimo de dez filhos do casal José e Esther P. Neotti. Fez todos os estudos nos seminários da Ordem Franciscana. Ingressou no Noviciado em dezembro de 1954. Professou solenemente em dezembro de 1958 e ordenou-se padre no dia 6 de janeiro de 1961.

Licenciado em Letras pela Universidade Católica de Petrópolis (1962). Curso de especialização em Cultura Moderna, Paris (1973). Diretor e Redator da *Revista de Cultura Vozes* (1966-1986). Redator da revista *Vida Franciscana* (desde 1975). Editor e Redator do *Centro Informativo Católico* (1974-1986). Diretor-Presidente da Sonoviso (1987-1992). Professor de Comunicação e Teologia Pastoral no Instituto Teológico Franciscano de Petrópolis (1970-1986).

Membro fundador e por dois períodos consecutivos Presidente da União Cristã Brasileira de Comunicação Social (1976-1980). Presidente por três períodos sucessivos da União Católica Latino-Americana de Imprensa (1981-1990). Vice-Presidente da União Católica Internacional de Imprensa (1991-1993). Membro fundador e Presidente da União dos Editores Franciscanos (1996-2000). Membro de Honra da União Católica Internacional de Imprensa.

Pároco da Igreja do Sagrado Coração de Jesus, em Petrópolis (1980-1983).

De janeiro de 1995 até setembro de 2003 trabalhou no Departamento de Comunicação e Informação da Ordem, em Roma.

A partir de dezembro de 2003 até hoje é Reitor do Santuário de Santo Antônio do Largo da Carioca, Rio de Janeiro.